関東大震災朝鮮人虐殺を読む

流言蜚語《フェイク》が現実を覆うとき

劉永昇
Ryu Eisho

AKISHOBO

関東大震災 朝鮮人虐殺を読む

流言蜚語《フェイク》が現実を覆うとき

目次

〔凡例〕

・本文中の引用文献の表記については、出版社名・刊行年等の情報を適宜省略し、詳細は巻末の「主要参考文献」にまとめて記した。

・引用は旧字・旧仮名遣いを適宜改め、必要に応じてルビ、句読点等を付した。

・公用文等のカタカナの仮名遣いは適宜ひらがなに改めた。

第1部
〈不逞鮮人〉とは誰か
関東大震災 朝鮮人虐殺を読む

引き継がれるデマ

届かなかった「追悼文」

東京都立横網町公園。両国国技館にほど近く、東京スカイツリーが間近に見えるこの場所には、かつて陸軍被服廠《ひふくしょう》があった。軍服などの被服品を開発・製造する機関である。

関東大震災が起きた1923（大正12）年当時には広大な空き地となっており、被災者が周辺から続々と避難してきた。そこに上昇気流にあおられた炎が竜巻となって襲いかかり、約3万8000人もの避難民が焼死するという多大な被害を出した。

横網町公園にはそうした犠牲者の遺骨を納める「東京都慰霊堂」が設けられている。震災や空襲の惨事を伝える資料を展示する「東京都復興記念館」もある。ここは関東大震災の被害を象徴し、後世にその記憶を継承するための記念公園なのである。

慰霊堂の北側には「朝鮮人犠牲者追悼碑」が設けられている。他のモニュメントに比べるととてもささやかなものだ。１９７３年の建立以来、毎年この碑の前で追悼式が催され、歴代の都知事から追悼文が届けられてきた。

ところが小池百合子都知事は、就任翌年の２０１７年から追悼文の送付をとりやめた。その同じ年から「日本女性の会 そよ風」による追悼式典への妨害が始められた。「諸説ある」として朝鮮人虐殺そのものを不確定視する都知事の態度が、歴史修正主義者を勢いづかせたのだ。震災から99年となる２０２２年も小池都知事は追悼文を出さなかった。

都立横網町公園内の「東京都慰霊堂」（上）とその脇にある「朝鮮人犠牲者追悼碑」（下）（著者撮影）

震災時に流布したデマを信じた民衆や、戒厳令で出動した軍・警察によって殺害された朝鮮人は６０００人以上にのぼるとされる。しかしその犠牲者の多くは遺骨さえ回収されず、今も歴史の闇に置き去りにされている。

よみがえった流言蜚語

「そよ風」の妨害集会をめぐっては、2020年になって変化があった。東京都が妨害集会参加者の発言を「ヘイトスピーチ」と認定したのである。報道によれば、その発言とは次の三つであった。

「犯人は不逞《ふてい》朝鮮人、朝鮮人コリアンだったのです」

「不逞在日朝鮮人たちによって身内を殺され、家を焼かれ、財物を奪われ、女子供を強姦された多くの日本人たち」

「その中にあって日本政府は、不逞朝鮮人ではない鮮人の保護を」

「不逞」とは、「決まりを守らず勝手に振る舞う」といった意味であり、「不逞朝鮮人」とは「無法で不従順な朝鮮人」ということになる。都が問題にしたのはこの「不逞朝鮮人」という言葉が、条例の定める「本邦外出身者に対する不当な差別的言動」に該当するという点であった。ただし認定の目的はあくまで「啓発」にあり、「そよ風」に対して直接の注意などはしていない。

この「不逞（朝）鮮人」という言葉こそが、関東大震災の混乱下で巨大な殺意となって朝鮮人を襲ったのだ。その呪うべき言葉が現代に復活し、白昼堂々と公言されている。関東大震災時の朝鮮人虐殺は、市民による大規模な集団殺人として世界史上に類を見ないものだし、被害者が自国内のマイノリティ（1910年朝鮮は日本に併合され、朝鮮人は日本国籍を有していた）であることを考えれば、日本近代史における最悪の残虐行為として記憶が継承されなければならなかったはずだ。その記憶がすりかえられようとしている。そして被害者に原因をなすりつけ加害者が被害者になりかわろうとするこの主客転倒こそ、惨劇を生んだ流言《りゅうげん》蜚語《ひご》の主調と言うべきものだったのである。

東京を焼き尽くす火炎を表紙にした『大正大震災大火災』（大日本雄弁会講談社・1923年）。表紙画は横山大観。

作家・江馬修の被災

1923年9月1日午前11時58分、関東一円をマグニチュード7・9の大地震が襲った。小説家・江馬修は東京府下代々木初台の自宅で著書の校正刷りに向かっていた。作業を中断し、昼食の用意された座敷の円テーブルに座って家族とともに食べ始めたところへ、不意に「何とも言われぬ、異様な衝動《ショック》」を感じた。

江馬は「いよいよ来たな」と心で呟き、本能的に屋外へ逃れようとした。しかし自分だけ飛び出すわけにはいかない。江馬には妻と2人の娘があった。何よりも2人の子を助け出さねばならなかった。長女を見ると、彼女はテーブルに向かって箸を持ったまま、「母ちゃん、味噌汁がこぼれるよ」と叫んでいた。

江馬は家屋が激しく震動する中、書斎に飛び込み、寝かされていた次女を抱き上げて、「疾風のように中庭へ飛びおりた」。そして後から来る妻と長女のために木戸を開け放ち、前庭へと走った。江馬は寝間着に裸足のままだった。


見渡す限り家屋ばかりでなく、あらゆる樹林、立木、電柱なぞ、大地の烈しい怒りに怯えたように大きく震えおののいていた。そして、大浪の鳴るような、ごうごうというもの凄い音の中から、人間のうろたえた絶望的な叫喚が痛ましくも雑然と湧きあがってきた。

(『羊の怒る時』)


この時江馬は、なかなか屋外へ出てこなかった妻を叱りつけた。「お前には今どんな恐ろしい事が起っているのか分らないのか」。空に舞い昇る黒煙を眺めながら、江馬は「さらに新らしい恐ろしい災厄」が始まろうとしているのを予感する。

現実となった「新らしい恐ろしい災厄」

江馬修のルポルタージュ小説『羊の怒る時』は、震災の翌年1924年12月から台湾の新聞『台湾日日新報』に連載され、1925年10月に単行本が刊行された。関東大震災を題材にした文学作品として最も早い時期に出版されたものの一つであった。

小説『受難者』がベストセラーとなり人道主義作家として注目されていた江馬修は、次第に社会問題への関心を深めプロレタリア文学に接近する。被災時は長編小説『極光』の執筆中で、作中に「日本人はアジア人共通の敵であるヨーロッパ人と一緒になって、東洋で共食いをしている。支那・朝鮮・印度を援《たす》け、アジア人の復活のために尽くすべきだ」という主旨の植民地主義批判を書いている。

そんな江馬の予感した「新らしい恐ろしい災厄」は震災後すぐに現実のものとなった。地震や火災によるおびただしい死者もさることながら、一帯に流布したデマによる「朝鮮人狩り」が始まったのである。

『羊の怒る時』は江馬修の体験を綴ったものであり、自身が流言蜚語によって疑心暗鬼に囚われる様子が克明に記されている。

震災第2日目のことである。

「今そこでフト耳に挟んできたんだが、何でもこの混雑に乗じて×××（注・伏せ字＝朝鮮人）**が
あちこちへ放火して歩いていると言うぜ」**
（同前）

隣家の軍人にこう伝えられた江馬は、「本当でしょうか」と目をみはる。

「日頃日本の国家に対して怨恨を含んでいるきゃつらにとっては、言わば絶好の機会というものだろうからね」
（同前）

と続けられた言葉に、朝鮮人の友人があり彼らに「浅くない同情をもっていた」江馬は、「有り得る事だ」と考えないわけにいかなかった。

そこへもっと具体的な知らせがもたらされる。

「×××が一揆を起して、市内の到る処《ところ》で掠奪をやったり凌辱を」しており、「だから市内では、×××を見たら片っぱしから殺しても差支えないという布令が出た」と言うのである。

江馬はこうした流言を強く疑いながらも、半ば信じようとする心の惑乱を感じている。

「朝鮮人が暴動を起こした」「井戸に毒を入れた」「女性を襲い暴行した」……。震災下の巷《ちまた》で

は、これらの流言蜚語を信じた被災者自らの手によって、同じ被災者である朝鮮人の殺戮が行われはじめた。民間人だけではない。軍や警察もこの虐殺に加担したことがわかっている。

関東大震災は約10万5000人の命を奪ったとされるが、その数には虐殺された朝鮮人や中国人が含まれているとは言いがたい。なぜなら政府は虐殺行為を隠蔽、矮小化し、現在に至るまで公的な調査をしていないからだ。

「官」から「民」へ伝達された流言蜚語

震災下の首都で、流言蜚語はいつ誰が流したのか。

「朝鮮人が襲ってくる」という流言の発生時期について、寺田寅彦は日記にこう記している。

> 帰宅してみたら焼け出された浅草の親戚のものが十三人避難して来ていた。いずれも何一つ持出すひまもなく、昨夜上野公園で露宿していたら巡査が来て○○人の放火者が徘徊するから注意しろと云ったそうだ。井戸に毒を入れるとか、爆弾を投げるとかさまざまな浮説が聞こえて来る。
>
> (「震災日記より」九月二日)

寺田は「こんな場末の町へまでも荒して歩くためには一体何千キロの毒薬、何万キロの爆弾

震災当時の浅草寺仁王門前。中央に積み上げられているのは自警団が「朝鮮人狩り」に使用した金棒や竹槍（『関東大震災写真帖』日本聯合通信社・1923年）

が入《い》るであろうか」と、噂は信じるに足りないとしている。

また劇作家の木下順二は、自ら目撃した出来事をのちにこう回想する。

> 顔を血で真赤に染めて後手に縛られた一人の男が、林檎箱の上に引き据えるように腰かけさせられていた。（中略）
>
> その男が朝鮮人であることは、少年の私にも自然に分っていた。爆裂弾を投げつけたとか井戸に毒を入れて回っているとかという〝不逞鮮人〟の噂は、もう九月二日には私も聞かされていたのではないかと思う。（『本郷』）

寺田寅彦によれば、流言は早くも震災当日（1日）の夜に警察が広めていたことになる。そして翌2日には当時9歳の少年だった木下順二がそれを聞き知っている。

流言の発生源を特定するのは難しいが、災害後すぐに警察官から市民へ、「朝鮮人に警戒せよ」と誤った通告をしていることは、流言の信憑性を決定的に高めたはずだ。

事実、自警団の代表だった人物による次のような証言がある（山田昭次『関東大震災時の朝鮮人虐殺とその後』）。

九月一日夕方曙町交番巡査が自警団に来て「各町で不平鮮人が殺人放火して居るから気をつけろ」と二度まで通知に来た。（『報知新聞』1923年10月28日夕刊）

翌2日になると警視庁の自動車が「○○○の検挙に積極的に助力すべし」と書かれたビラをまいて回った。警察は市民の自衛・自警を訴え、武器の携行を容認した（「警察官憲の明答を求む」『国民新聞』1923年10月14日）。

この自警団代表の男は「即《すなわ》ち（注・警察が）鮮人に対し自警団その他が暴行を行うべき原因を作ったのだ」と訴える。同記事が掲載された時期、虐殺の責任を自警団などの民間集団に押し付けようとする動きが強まっていた。自警団の男はそれは違うと訴えているのだ。

「十五円五十銭」の闇　①壺井繁治『十五円五十銭』を読む

流言は「デマ」、……にもかかわらず

震災直後に発足した山本権兵衛内閣は9月5日に告諭を発し、

民衆自ら濫《みだり》に鮮人に迫害を加うるが如きことは固《もと》より日鮮同化の根本主義に背戻《はいれい》するのみならず、又諸外国に報ぜられて決して好ましきことに非《あら》ず。

と一転して自警団に自重を求めた。

司法省資料「震災後に於ける刑事事犯及び之に関連する事項調査書」を山田昭次氏が分析したところによれば、関東大震災時に犯罪を行ったとされる朝鮮人容疑者は約140名。関東一帯を襲撃するにはおよそ足りない人数であるが、そのうち氏名不明、所在不明、逃亡・死亡した者が約120名にものぼる。つまり、容疑者のほとんどがどこの誰かも不明だが「朝鮮人に違いない」と断定しているのである。また犯罪の種別で見ても最も多いのは「強盗」、次に「脅迫」そして「窃盗」。いわゆる火事場泥棒に類する犯罪がほとんどで、「殺人」「殺人未遂」「放火」といった重犯罪は少ない（山田昭次『関東大震災時の朝鮮人虐殺とその後』）。

『東洋経済新報』主幹の石橋湛山もこの発表を見て、「（注・朝鮮人暴動は）殆《ほとん》ど皆風説」だとし、「その犯罪者が、果たして鮮人であったか、内地人（注・日本人）であったかも、わからぬ」と批判を浴びせている。

このように「朝鮮人の暴動」という流言が根も葉もないデマだったことは、震災後の早い時期にはほとんど明らかになっていた。にもかかわらず、朝鮮人に対する敵意はさらに広範囲に拡大していった。

壺井繁治『十五円五十銭』を読む

ここに被災したある文学者の記録がある。作品名は『十五円五十銭』。その内容を追いながら、問いの答えを探してみたい。

『十五円五十銭』は壺井繁治が1928年9月に発表した小篇である。壺井は小豆島出身で、

壺井繁治（右）と壺井栄（『アサヒグラフ』1955年3月30日号）

早稲田大学中退後文芸同人誌『赤と黒』『文芸解放』を創刊、1928年には「ナップ（全日本無産者芸術連盟）」に参加したプロレタリア詩人である。同郷の児童文学作家・壺井栄は繁治の妻である。ちなみに壺井は戦後同じ題名で長編詩を書いており、一般的にはそちらが有名だが、ここではその原型である記録文学作品を読んでいくことにする。

「震災追想記」という副題のもと、作品は以下のように始まる。

あんなに混雑した汽車に乗ったのは生れて始めてだった。

友人の家で作って貰った握飯を下げて、五日の昼過ぎ頃田端駅へ行くと、何万とも知れない避難者で人の山を築いていた。九月始めのきびしい残暑がじりじりと駅の構内に渦巻く群集の頭上を照りつけ、泣く声、叫ぶ声、喚く声、それらの声々が熱湯のように沸《たぎ》っていた。

（『十五円五十銭』）

東京を脱出する人々

震災から5日目の9月5日、壺井は壊滅した東京を離れ、故郷小豆島に帰ろうと田端駅に向

かった。しかし駅は群集で身動きできない状態だった。苦労してようやくプラットホームにたどり着き列車を待つが、

どの列車もどの列車も満員だった。そしてホームへ着いても、満員のままで乗客を吐き出そうとはしなかった。（同前）

人々の中には、昨日から汽車を待っているが乗り込めないという者もあった。

車内へ乗込めなくて業を煮やした群集は、列車の屋根へ乗っかってまで、混乱と恐怖に充《み》てる災害の巷《ちまた》から、逃れようとさえした。何十人と云う人間が、今ホームを離れようとする列車の屋根を瓦のように埋めているのを見て、私はその度胸のよさにあきれずにはいられなかった。汽車の屋根には、皺だらけの爺さんや婆さんまで乗っかっている。（中略）彼等は汽車の屋根から振り落されて死んでも、震災の巷から逃れたいのだろうか？（同前）

東海道線は不通であった。壺井は高崎線に乗るために田端駅に向かったようだが、汽車の屋根にまで乗る勇気はなかった。「死物狂いの努力」で「石垣をかき分けるようにして、やっと

汽車に鈴なりにすがりつく群衆（『関東大震災写真帖』日本聯合通信社・1923年）

身体を車内に押込むことが出来た」という。

「貴様、朝鮮人だろう？」

「赤羽の向うにある鉄橋」を無事過ぎると、車内に安堵のため息が漏れ、人々はこの数日に見聞きした「いろいろの恐ろしい出来事」や「根も葉もない噂を如何にもまことらしく誇張した身振り口振りで」話しだす。

中には気紛れに「鮮人を一刀の下に斬殺した」と得意そうに話す男や、「東京があんなに大火事になったのは社会主義者が方々へ爆弾を投げつけたからだ」と話す者もいた。

壺井は帽子を目深《まぶか》にして長い頭髪を隠した。一般の人々には「長髪は社会主義者」というイメージあったからだ。

彼は昨日の出来事を回想する。

九月四日の昼頃であった。私はある友人と二人で牛込弁天町の宿を出て、山吹町を通って音羽の方へ向って歩

いて居た。ふと後から私達を鋭い威嚇的な声で呼び止めるものがあった。振り返って見ると、既に一人の兵士が私の背にギラギラと砥《と》ぎ澄ました銃剣を突きつけている。私はギョッとして思わず一足後へ下がった。すると、

「待て！　貴様、朝鮮人だろう？」と怒鳴りながらその兵士は私の側へ一歩詰め寄って来た。

「日本人です、僕は！」

どぎまぎしながら、私はやっとこれだけ答えた。

「嘘吐《つ》け！　貴様！」

兵士は猛獣のように凄い顔付をして、私の云うことを取り上げようとしなかった。（同前）

ルパシカを着たアナキスト・朴烈（右）と金子文子（『主婦之友』1926年3月号）。2人は震災時に冤罪で逮捕され、大逆罪に問われて死刑判決を受ける

左翼運動に接近していた壺井繁治が兵士に「朝鮮人だろう？」と疑われたのは、彼が水色のルパシカ（ロシアの男性民族衣装）を着ていたためだった。

角帽をかぶった友人の弁護で辛くも兵士の検束から逃れることができた壺井は、友人に注意されてルパシカを脱ぎ捨てた。ルパシカは当時左翼青年のシンボル的ファッションだった。

兵士がルパシカと朝鮮人を結びつけたのはなぜなのか。この頃、日本人社会主義者と朝鮮人労働者が結びつき、共闘を始めていたからだった。

難波大助の見た朝鮮人労働者

震災4ヶ月前の5月1日、東京市芝区芝公園で第4回メーデーが開かれた。「植民地解放」をスローガンに掲げたこのメーデーには朝鮮人労働者が多数参加し、会衆の総勢は約1万人にのぼった。これに対し警視庁は2000人余の警官を投入して大弾圧を加えた。

日本人社会主義者が一様に驚いたのは、朝鮮人労働者の強い闘争力だったという。この日から半年あまりのちに摂政・裕仁親王（後の昭和天皇）をステッキ銃で狙撃（「虎ノ門事件」）した難波大助は、このメーデーに参加していた。彼はその印象を記している。

メーデーにおける、／サーベルの朝鮮人に対して行なった／あの暴圧と圧制ぶりはどうであったか。／東京の真中で、白昼衆目環視のうちで――／（中略）東京ではせいぜい負傷で済むのだ。／それがあの海一つへだった半島では秘密裁判の下に首が飛ぶのだ。／（中略）朝鮮人の心、憤怒、／盲動、破壊性、憎悪、呪い、／心臓の鼓動（詩人の言葉を借りれば）まで／我々日本proletarianと一致して／おる筈だ。uniteはただ／時機の問題――

（大島英三郎編『難波大助大逆事件』より再引用）

「大逆事件」の記録を読みあさり、幸徳秋水に心酔していた難波大助は「虎ノ門事件」の法廷で「速かに誤った権力の行使を改め、民の心を心として、虐げられたる人々を解放し、万民平等の社会の実現に努力せよ、然らざれば我七生生れ変っても、大逆事件を繰り返すであろう」と発言している。彼にとって社会主義とはそのような理想であった。

信濃川朝鮮人労働者虐殺事件

社会主義者と朝鮮人労働者の結びつきは、震災の前年に新潟県で起きた朝鮮人労働者虐殺事件が一つの契機となった。

1922年7月29日『読売新聞』は、「信濃川を頻々流れ下る／鮮人の虐殺死体／「北越の地獄谷」と呼ばれて／附近の村民恐《お》ぢ気を顫《ふる》う／信越電力大工事中の怪聞」という見出しの記事を掲載した。信濃川の支流・中津川の発電所工事所（大倉組）で働く600名の朝鮮人労働者の実態を、目撃者の証言をもとに記事は暴いていく。

「山に入ったが最後規定の八時間労働どころか、朝は四時から夜の八、九時頃まで風呂にも入れ

ず牛や馬のように追い使う。（中略）からだは極端に弱る、堪え切れないから罷《や》めたいといっても承知して呉《く》れない」（『読売新聞』1922年7月29日）

耐えかねて逃亡をはかると、

「両手を後に縛り上げて三、四人の見張り番——見張り番は一名　決死隊と呼んで匕首《あいくち》や短銃を懐にしている、——が杉の樹に吊し上げて棍棒で打つ、なぐる、（中略）三日間絶食させられ、三度気絶した。その後どうなったか」（同前）

「恐ろしい事にはよくこの山中で逃げ出した鮮人の腐爛した残死体が発見される。私の聞いた丈《だけ》でも川の下流だけでさえ死因不明の鮮人七、八名の死骸が漂着しています。恐らく働かぬといっては虐《いじ》められ、逃げ出したからといっては前のように嬲《なぶ》り殺しにされたのではあるまいか」（同前）

さらには官吏の証言として、

「四、五名の土方が下穴藤《しもけつどう》の高さ千四百五十尺の断崖から一名の鮮人に大石を結び付けて投げ込んだのを見た村民が来て知らせてくれたのでもうこのままには済まされない」（同前）

と報じた。同月31日からは「北越地獄谷観察記」という連載も始まった。日本人の社会主義者はこの事件に強い関心を寄せた。日本共産党を結党したばかりの山川均は「鮮人の先覚者と提携して、鮮人労働者を組合に組織する事に努力する」こと、そして朝鮮人労働者に対する「一切の特殊待遇の撤廃」を要求し、同一労働同一報酬の実現を「組合運動の一標語とすべき」だと訴えた（『前衛』1922年9月号）。ここで言う「特殊待遇」とは「差別待遇」を意味する。

その11月に東京朝鮮労働同盟会、12月には大阪朝鮮人労働同盟会が組織される。日本人社会主義者と朝鮮人労働者が団結し社会行動を行うことに内務省は警戒を強めていった（金一勉『朴烈』、山田昭次『金子文子 自己・天皇制国家・朝鮮人』）。

戒厳令がもたらしたもの

小説『十五円五十銭』に話を戻そう。ルパシカ姿の壺井繁治を誰何《すいか》したのは、どうして兵士だったのか。この時、帝都東京は戒厳令下にあり、市中に軍が治安出動していたのである。

戒厳令は震災翌日の9月2日に発令され、東京から神奈川、千葉、埼玉へと範囲を広げていった。施行の理由は警視庁の焼失による治安機能の低下と朝鮮人暴動などの「流言」に対処

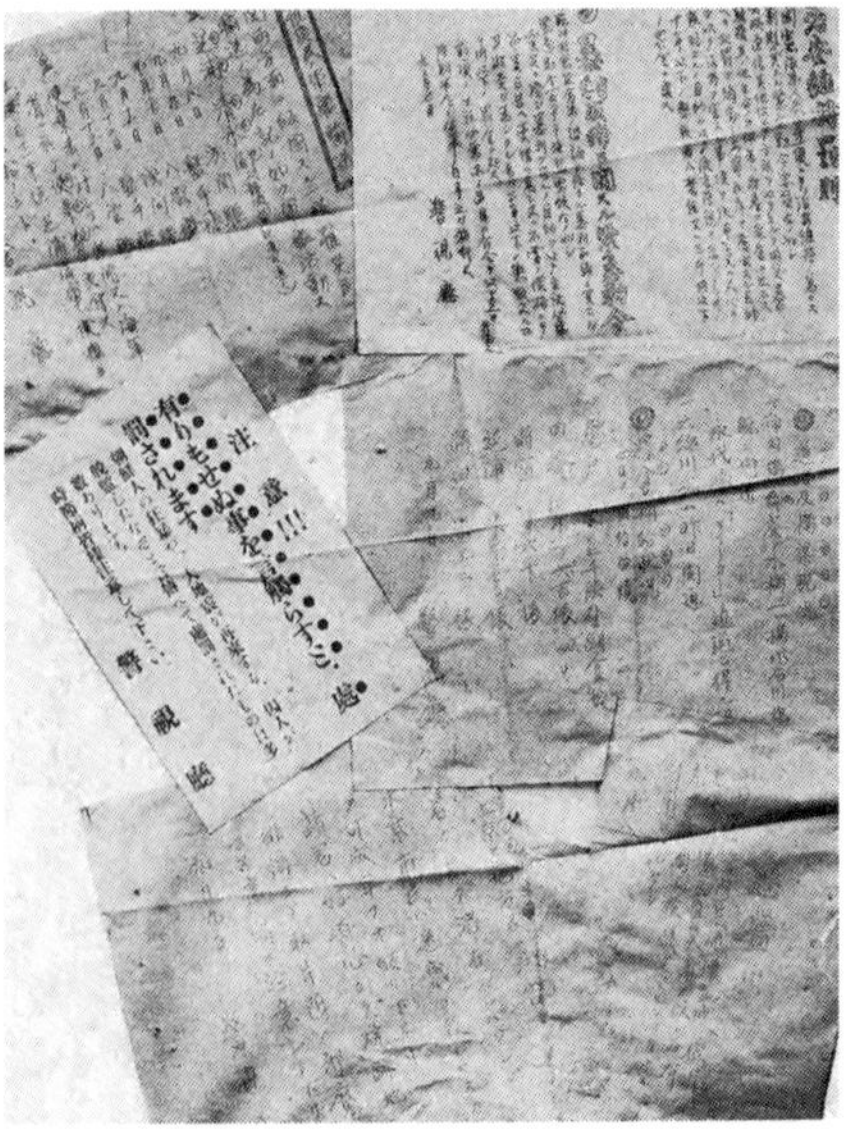

被災地には数多くのビラやポスターが出回った。流言蜚語を戒めるものもあり、それほどデマが広く流されていたことを示している（警視庁『大正大震火災誌』口絵）

するためだった。

　しかし、ほぼ同時に内務省警保局長は各府県知事宛に、朝鮮人の迫害を煽動する内容の電文を送っている。「東京付近の震災を利用し、朝鮮人は各地に放火し、不逞の目的を遂行」「現に東京市内爆弾を所持し、石油を注ぎて放火するもの」がいるので、「鮮人の行動に対し厳密なる取締り」を行うよう求めたのである。流言を真実と認めたようなものだった。

　布施辰治と並ぶ人権派弁護士として知られ、40冊を超える雑誌を創刊した「雑誌狂」としても有名な山崎今朝弥《けさや》は、戒厳令は「真に火に油を注いだものであった」と述懐している。諧謔を得意とした山崎によれば、「民心を不安にし、市民をことごとく敵前勤務の心理状態に置いたのは慥《たし》かに軍隊唯一の功績であった」（山崎今朝弥「地震・憲兵・火事・巡査」）ということになる。

友人と別れ護国寺の方へ向かった壺井は、ラッパを吹きながら行進する一連隊ほどの軍隊と遭遇する。それは「混乱した街に、家々に、私の心臓に戦争気分を撒き散らし」ながら進軍してきた。

ふと見ると辻々に「兇徒アリ、所々方々ニ於テ放火掠奪ヲ逞《たくま》シウス、各員協力シテ警察ヲ援助セヨ。××警察署」と書かれたポスターが貼り出されてあった。「兇徒」とはむろん〝不逞鮮人〟のことである。街角にはすでにそうした言葉があふれていた。

「十五円五十銭」の闇　②デマを拡散した新聞報道

捕えられた朝鮮人の運命

回想の中、壺井の乗る汽車は大宮から信越本線に入った。

途中停車場に着くたびに兵士が乗り込んできて、車内はもちろん列車の底まで調べ上げた。

そして上州・磯部駅（群馬県）で3人の朝鮮人が列車の底に隠れているのが見つかった。


暫《しば》らくしてワッとときの声が上った。そして哀れな三人の鮮人労働者はこの土地の青年団の手に依って捕えられたのだ。ときの声に交って、やっつけっちまえ、だとか、殺しちまえ、と云うような声が私の耳に微かに聞き取られた。（中略）

車内の人々は今の出来事をとりどりに噂し合った。鮮人が列車の底に隠れていたのは、この列車を顛覆《てんぷく》さすためだったのだと断定を下す奴もあった。

（『十五円五十銭』）

捕えられた朝鮮人はどうなったのか。証言集『関東大震災朝鮮人虐殺の記録　東京地区別1100の証言』（西崎雅夫編著）から東京市内の事例を引こう。

まず両国国技館の北西に架かる御蔵橋での惨劇である。

5、6人の朝鮮人が後手に針金にて縛られて、御蔵橋の所につれ来たりて、木に繋ぎて、種々の事を聞けども少しも話さず、下むきいるので、通りがかりの者どもが我も我もと押し寄せ来たりて、「親の敵、子供の敵」等と言いて、持ちいる金棒にて所かまわず打ち下すので、頭、手、足砕け、四方に鮮血し、何時《いつ》しか死して行く。

（墨田区・成瀬勝、当時20歳）

御蔵橋に打ち捨てられた死体（『サンデー毎日』1975年9月7日号）

現在「朝鮮人犠牲者追悼碑」が建つ横網町公園も虐殺の現場となった。

（注・被服廠跡〔現・横網町公園〕の）わずかの空き地で血だらけの朝鮮の人を4人、10人ぐらいの人が針金で縛って連れてきて引き倒しました。で、焼けボックイ（注・棒杭）で押さえて、一升瓶の石油、僕は水と思ったけれど、ぶっかけたと思うと火をつけて、そしたら本当にもう苦しがって。のたうつのを焼けボックイで押さえつけ、口ぐちに「こいつらがこんなに俺たちの兄弟や親子を殺したのだ」と、目が血走っているのです。

（墨田区・浦辺政雄、当時16歳）

軍による殺戮の証言

暴徒と化したのは朝鮮人ではなく日本人だった。流言蜚語を鎮圧するために治安出動したはずの軍隊も率先して殺戮を行った。

軍隊が殺したけど、言っていいのかどうか……。綾瀬川の河原でね、12、3人ぐらいの朝鮮人を後ろ手に縛って数珠つなぎにし、川のほうに向かせて立たせて、こちらの土手の上から機関銃で射ちましたね。

（葛飾区・横田＝仮名）

四ツ木橋の下手の墨田区側の河原では、10人ぐらいずつ朝鮮人をしばって並べ、軍隊が機関銃

でうち殺したんです。まだ死んでいない人間を、トロッコの線路の上に並べて石油をかけて焼いたですね。（墨田区・浅岡重蔵）

これらは東京の事件だが、磯部駅のある群馬県でも虐殺事件は起きている。よく知られた「藤岡事件」がそうである。この事件では警察が保護した朝鮮人の引き渡しを求めて、土地の自警団が署内に乱入。計17人の朝鮮人を引きずり出して殺害した（「藤岡町役場文書」）。

戒厳令が出ていない地方にも「不逞鮮人襲来」のデマは押し寄せた。その先鋒役となったのは新聞メディアだった。

地方に拡散する流言蜚語

壺井を乗せた汽車は篠ノ井駅（長野県）に停車、彼はここで1泊する。同地の県紙『信濃毎日新聞』（9月4日付）には、「不逞鮮人脱獄して軍隊と大衝突」というデマが大きく報じられている。翌日は塩尻で中央線に乗り換え名古屋へ向かった。名古屋の新聞『新愛知』を見ると、

「井水用水路に毒薬を▲（注・欠字＝投）じ群集に爆弾を投じ各所に放火し　不逞鮮人支那人盛んに跳梁す」（『新愛知』9月3日号外）

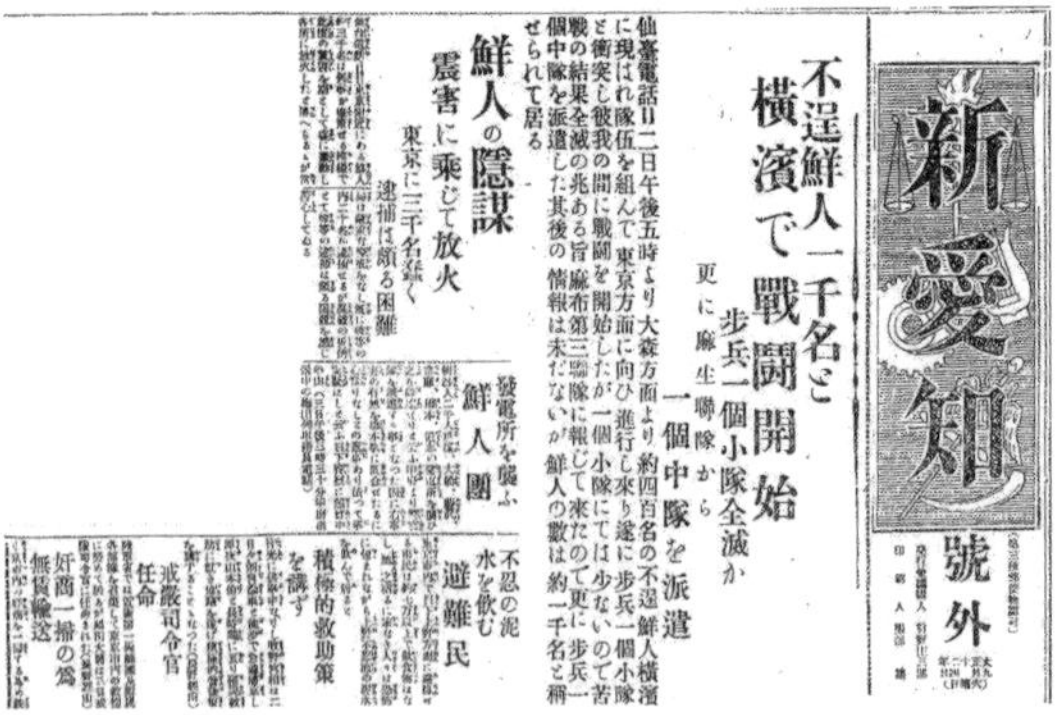
新愛知

號外

不逞鮮人一千名と
横濱で戰鬪開始
歩兵一個小隊全滅か
更に麻生聯隊から
一個中隊を派遣

仙臺電話＝二日午後五時より大森方面より約四百名の不逞鮮人横濱に現はれ隊伍を組んで東京方面に向ひ進行し來り遂に歩兵一個小隊と衝突し彼我の間に戰鬪を開始したが一個小隊にては少ないので苦戰の結果全滅の兆ある旨麻布第三聯隊に報じて來たので更に歩兵一個中隊を派遣した其後の情報は未だないが鮮人の數は約一千名と稱せられて居る

鮮人の隱謀
震害に乘じて放火
東京に三千名徘徊く
逮捕は頗る困難

發電所を襲ふ
鮮人團

不忍の泥水を飲む
避難民

積極的救助策を講ず

『新愛知』1923年9月5日付号外の紙面

「不逞鮮人一千名と／横浜で戦闘開始／歩兵一個小隊全滅か」「発電所を襲う／鮮人団」「屋根から屋根へ／鮮人が放火して廻る」（同前、9月5日号外）

と見出しにある。

『新愛知』はさらに5日付本紙でも、岐阜県不破郡の陸軍火薬庫に「三百人の不逞漢集まる／不穏の形成――軍隊出動」と報じている。被災地から遠ざかるほど流言の内容は大げさにエスカレートしていった。地震と大火災で発行能力を失った首都圏の新聞に代わって、地方の新聞がデマ拡散に大きな役割を果たしたのである。

「ジュウゴエンゴジッセン」

壺井が名古屋へ向かう車中でのこと。停車場に着くと例のごとく銃剣を閃《ひらめ》かせた軍人が窓から首を突っ込んで、ぎゅう詰めの車内を点検し始めた。

「おい、貴様、ジュウゴエンゴジッセンと云って見ろ！」

兵士は突然私の側にいる色の黒い印袢纏《しるしばんてん》の労働者を指して鋭く怒鳴った。

彼はこの突然の奇異な訊問の意味が解らないと見えて、ドギマギしていた。が、暫らくして、はっきりと、

「ジュウゴエンゴジッセン」と答えた。

「よし！」と兵士は案外にあっさりと切り上げて立ち去った。

ジュウゴエンゴジッセン。十五円五十銭。


（『十五円五十銭』）


兵士の立ち去った後、壺井は口の中でこの言葉を繰り返してみたが、訊問の真意がどうしても理解できなかった。

訊問された労働者もしきりに首をひねっていた。

数日前、東京で兵士に呼び止められた時には、こんな訊問は受けなかった。壺井がその意味を理解したのは、ずっと後になってからだった。

朝鮮人識別法

関東大震災が起きた1923年当時、日本には約8万人の朝鮮人が在住していた。第一次大

戦時、戦時好況に沸いた産業界は、一方で深刻な労働者不足に直面していた。そこで着目したのが、安価な労働力である朝鮮人であった。1919年朝鮮全土に湧き起こった大規模な独立運動である「三・一独立運動」時には一時的に渡航制限（1922年には廃止）がかけられたが、内地・日本に渡る朝鮮人の数は年々増えていた。

しかし、治安当局は取り締まりの手を緩めたわけではなかった。大戦後の不況に陥ると、失業した朝鮮人が労働運動に身を投じて社会主義者と結びつくのではないか――、そうしたおそれから〈不逞鮮人〉への警戒はよりいっそう強められていった。

必要なのは「識別」することだった。日本人か朝鮮人かの識別、そして〈不逞〉の朝鮮人か〈善良〉な朝鮮人かを官憲は区別する必要があった。


「身長内地人と差異なきも、姿勢直しく腰の屈むもの及び猫背少なし」

「顔貌亦《また》内地人と異ならずも、毛髪軟にして且《かつ》少なく髪は下向に生ずるもの多し。顔面に毛少なく俗にのっぺり顔多し」

「発言に抑揚頓挫あり流暢なり」

「発音に濁音ガギグゲゴは最も困難とす」

「発音の際ラ行ラリルレロは判明せず。例えば「ラ」は「ナ」、「リ」は「イ」」

これは日韓併合から3年後の１９１３年、内務省警保局が配布した文書「朝鮮人識別資料ニ関スル件」の一部である。日本人と朝鮮人を識別する方法が列挙されているが、両者の外見の差異は微妙で識別が困難なことがうかがわれる。重要な意味を持つのは後半に挙げられた発音上の特徴である。

「ジュウゴエンゴジッセン」の謎解き

小説『十五円五十銭』は、列車内での兵士による点検のくだり以後、小説的な表現を離れて、作家自身の憤慨がそのまま記されていくが、その中で「ジュウゴエンゴジッセン」の謎解きに触れている。

> **朝鮮人であるかないかを調べるためには、必ず濁音のある言葉を言わせたそうだ。例えば座蒲団、ザブトンをサフトンと発音して、その場で自警団のために斬殺された鮮人もある。私が汽車の中で目撃した出来事。「ジュウゴエンゴジッセン」と云う濁音の多い言葉を、若《も》し満足に発音出来なかったとしたら、恐らくあの労働者もどんな目に遭わされたかも知れない。**
>
> （『十五円五十銭』）

朝鮮語の特徴である、語頭の最初の音が濁らないという規則を逆手に取ったのが、この「十五円五十銭」という識別法だった。軍人がこの識別法を利用していることに、壺井は権力の意図を嗅ぎ取る。

> **十五円五十銭。一人の兵士の口を借りて云わせたこの奇異なる言葉の裏に、我々は支配階級の死物狂いの姿を見逃す訳には行かない。**（同前）

内務省の「朝鮮人識別法」は、相手が「日本人」か「朝鮮人」かを見分けるためのものだ。外見上の識別が困難な両国人の混在が、日本国内の治安維持の妨げとなることを危惧してのことである。朝鮮人は、内地においては異邦人であることをくっきりと印付けられねばならなかった。

留学生や労働者は内偵を付けられて監視され、ときに拘引され拷問を受けた。併合により韓国民を日本国籍に組み入れた後、日本政府は「内鮮一体」のスローガンを掲げて融和を説いたが、それは上辺の言葉に過ぎなかった。

一方、「外地」朝鮮を統治する朝鮮総督府が取り組まねばならなかったのは、〈不逞〉と〈善良〉の識別だった。併合10年を前に勃発した三・一独立運動は総督府の統治方針を転換させた。兵力を背景にした「武断政治」から、より融和的な「文化政治」に改め、朝鮮人の抵抗心を慰撫しようと考えたのである。

「善導主義」の逆輸入

総督府の政務総監だった水野錬太郎はこの改革の任にあたり、朝鮮人に対する警察の接遇態度を和らげるよう改めさせた。「善導主義」と言われるこのやり方について、当時の警察官僚・田中武雄は、民族の反抗心は到底抑えきれるものではなく「朝鮮人を本にした、最大限朝鮮人が満足する」ように統治しなければならなかったと後年回顧している。

日本官憲の態度は、三・一独立運動を境に「呵罵叱責を事としていた」ものから「温言和気」に変化したと『東亜日報』の社説に書かれている。

この善導主義は内地に逆輸入された。朝鮮人留学生が多い西神田署の加々尾橙太郎所長は、総督府政務総監・水野錬太郎との会合の中で、「鮮人を愛撫し充分に彼等に優しい親しみを有する方針」を唱え（『時事新報』1919年11月19日）、「朝鮮人相談部」を署内に新設している。

1921年になると特別高等警察課内に「内鮮高等係」が設けられ、朝鮮人の就業・就学、住居、医療、結婚などの相談窓口となった。初代係長の薦田定保は、「常習的不逞鮮人に強烈なる取締と圧迫を加え」、そうでない朝鮮人には「善導を与える」方針を述べている（『朝鮮警察新聞』1921年9月10日）。

しかし、善導主義が必ずしも朝鮮人統治の主流方針となったわけではなかった。厳罰主義を志向する司法省の方針とのせめぎ合いもあったし、かえって朝鮮人の民族心を育成するのではないかという疑念を持つ者も少なくなかった。

朝鮮の武断統治政策を再三批判した吉野作造もまた、「（注・善導主義は）本人の要求、本人の必要を深く考えない、余計な御世話」であるとした。侵略者から一方的に与えられた〝括弧付きの自由〟を、被支配者が心から喜んで受け容れるはずがないということだ。

また一見すると融和的に見え、理性的に思えるこの善導主義には、大きな矛盾が内在していた。〈善良〉の中の〈不逞〉を見つけ出すためには、つねに〈善良〉を警戒し、監視していなければならないからである。

〈不逞〉と〈善良〉を区別するために水野らが画策した植民地支配の論理は挫折する。結果として両者の境界線が曖昧なまま、識別は困難と思わせる状況が遺されることになった。

虚実でふくらんだ憎悪と恐怖

朝鮮人の取り扱いをめぐる混乱の中で、いくつかの重大事件が発生した。

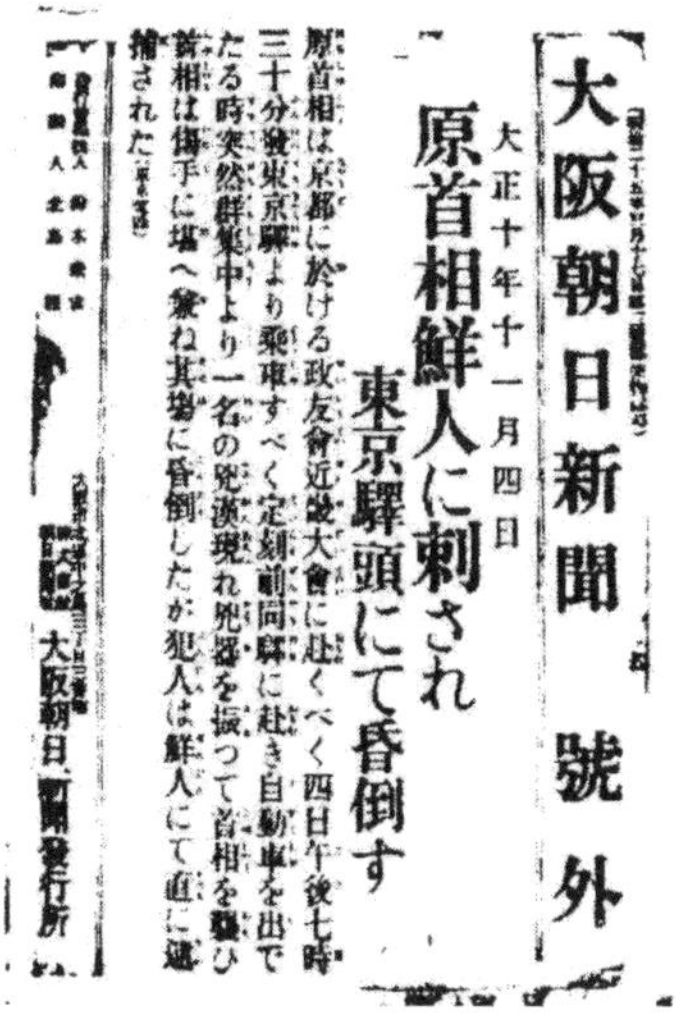
大阪朝日新聞 號外
大正十年十一月四日
原首相鮮人に刺され
東京驛頭にて昏倒す
原首相は京都に於ける政友會近畿大會に赴くべく四日午後七時三十分發東京驛より乘車すべく定刻前同驛に赴き自動車を出でたる時突然群集中より一名の兇漢現れ兇器を振つて首相を襲ひ首相は傷手に堪へ兼ね其場に昏倒したが犯人は鮮人にて直に逮捕された
大阪朝日新聞發行所

原敬首相暗殺事件の大誤報を報じる新聞記事（『大阪朝日新聞』号外）

1921（大正10）年11月4日、原敬首相が東京駅で暗殺される。犯人の中岡艮一を取り押さえた警官は「貴様、朝鮮人だな」と断定し、事件を報じた『大阪朝日新聞』号外は「原首相鮮人に刺され／東京駅頭にて昏倒す」と誤報を打った。

また同年6月には市電運転手の朝鮮人・李《イ》判能《パンノン》による日本人殺傷事件が起きている。李は同居する同僚一家および上司一家を殺害後、通行人を襲うなど17人を殺傷して逮捕された。

日本人の同僚からいやがらせや差別を受けていたなど、動機に情状酌量の余地があったこと、犯行時心神耗弱状態にあったことから、一審では無期懲役判決、控訴審では懲役7年に減刑された。だが当時の警視総監・赤池濃は、この事件のために東京人は「朝鮮人と云えば無性に恐怖する」(『自警』1923年12月号)のだと、震災時の朝鮮人虐殺の原因に結びつけてしまう。

こうして大衆の中で〈不逞鮮人〉のイメージは、虚実ないまぜに膨らんでいった。それが関東大震災が起きる前の帝都を覆う空気であった。

間違えられた日本人

関東大震災の混乱下でいわれなく殺害されたのは、朝鮮人や中国人だけではない。多くの日本人もまた被害にあっている。

次に掲げる演出家・千田是也の証言はよく知られたものだろう。

内苑と外苑をつないだ道路(当時は原っぱだったが)の方から、提灯が並んでこっちにやって来るのが見えた。あっ、〃不逞朝鮮人〃だと思い、その方向へ走っていった。不意に私は、腰のあたりを一発殴られてしまった。(中略)

そのうち、例の提灯にも取りまかれ、「畜生、白状しろ！」とこづきまわされる。私はしきりに、日本人であることを訴え、早稲田の学生証を見せたが信じてくれない。興奮した彼らは、薪割りや木剣を振りかざし「あいうえおを言え！」「教育勅語を言え！」と矢継ぎ早に要求してくる。（中略）

もうダメだと覚悟したとき、「なあんだ、伊藤（本名）さんのお坊っちゃまじゃないですか」という声がした。（中略）この一声で私は救われた。

（西崎雅夫編『証言集 関東大震災の直後　朝鮮人と日本人』）

危うく〈不逞鮮人〉と間違われ、殺されかけた千田だが、この体験がなければ自分が加害者になっていたかもしれなかった。千田是也という芸名は、そのことの自戒を込めて、「千駄ヶ谷のコレヤン（Korean）」という意味を持つと語る。

自警団が使用した「識別法」

いわば千田是也はあいまいな「朝鮮人識別法」のために殺されかけたのだ。「あいうえお」や「教育勅語」「歴代天皇の名前」を言わせるのは相手の知識の有無を調べることでしかなく、日本人か否かを識別する方法としては不確実である。それに対して「十五円五十銭」は巧妙

自警団が非常線を張り通行人を誰何している図（『現代史資料4　関東大震災と朝鮮人』みすず書房・1963年、口絵より）

だった。虐殺事件の目撃証言には、しばしば自警団がこれに類した識別法を用いている事例が出てくる。

例えば、タバコを見せ、「「バット」（タバコの銘柄「ゴールデンバット」のこと）と読めなければ日本刀で斬り殺した」。あるいは道路に鈴のついた縄を張り、鈴が鳴ると飛び出していって「サシスセソ、バビブベボを言ってみろと叫んだ」など。「十五円」を「一円」や「十円」とするバリエーションもある。

いずれも語頭の音が濁らないという朝鮮語のルールを逆手に取ったもので、内務省の「識別資料」に記されていた方法と同様であった。

民衆が結成した自警団は、なぜこの方法を知っていたのか。そこには三・一独立運動の影を見ることができる。

朝鮮総督府で「善導主義」による朝鮮人統治の改革にあたっていた水野錬太郎は、震災当時、帰国して内務大臣に再任されていた。警視局長・赤池濃もまた前職は朝鮮総督府の警務総監だった。さらに東京府知事・宇佐美勝夫は元総督府の内務部長官である。

被災地の治安を司る要職にあった3人は、朝鮮におけるトラウマを共有していた。それは三・一独立運動の衝撃と、鎮圧のために非武装の朝鮮民衆に銃口を向けた経験であった。震災下の「不逞鮮人襲来」の流言は、彼らにとって当時の記憶を呼び起こすものであったかもしれない。

「関東大震災時　韓国・朝鮮人殉難者追悼之碑」(墨田区八広)。2009年に市民団体の手で荒川堤防下に建てられた(筆者撮影)

三・一独立運動と自警団

三・一独立運動と関東大震災を結びつける糸。それは自警団と在郷軍人会の存在である。

1919年3月1日、京城（現・ソウル）で独立運動が勃発すると、朝鮮各地の日本人居留地に「自衛団」が結成された。朝鮮全土で蜂起した運動の全てに対処するには軍警の数が足りなかったため、武装自衛団がその空白を埋める役割を果たした（李昇燁「三・一運動期における朝鮮在住日本人社会の対応と動向」）。

それは「警備力乏《とぼし》き地方に於て之等の利用は良手段たるを疑わず」（「大正八年朝鮮騒擾事件状況」）と憲兵隊長が評価するものだった。

自衛団の構成員を見ると、3月3日咸鏡南道の咸興警察署に召集された自衛団は、在郷軍人75名、消防組員40名という構成である。忠清南道や黄海道といった地域でも、在郷軍人会が警察や憲兵に協力して鎮圧行為に加わったという記録が確認できる。

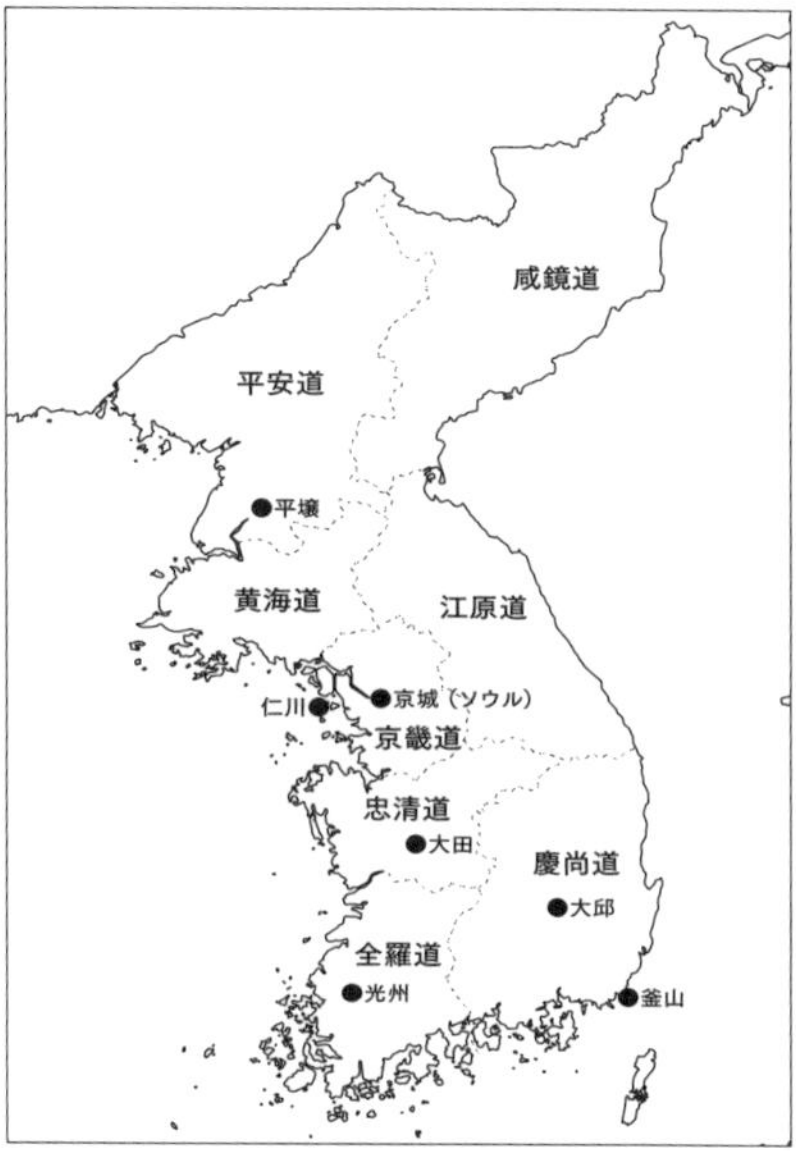

朝鮮八道図

装備についての詳細はわからないが、3月27日京畿道広州郡の事例では郡庁に押し寄せ投石するデモ隊に対して在郷軍人が発砲。3月20日慶尚南道陜川郡では消防夫が猟銃を使用等の記録が見られる（『現代史資料25　朝鮮1・三一運動』）。

朝鮮総督府の1918年12月時点の調査では、在朝民間人が保有していた銃器は2万3384挺。その内訳は、猟銃1万7167挺、軍用銃1775挺、拳銃4222挺、杖銃166挺、その他54挺となっている。これは日本人男性約8人に1挺、4戸あたりに約1挺という高い保有率であった（李昇燁「三・一運動期における朝鮮在住日本人社会の対応と動向」）。

「帝国在郷軍人会」の発足

民間人の武装と深く関係するのが朝鮮における在郷軍人会の存在である。

三・一独立運動時の虐殺被害を刻んだレリーフ（ソウル・タプコル公園）（筆者撮影）

そもそも在郷軍人会は日露戦争の帰還兵を共同体社会に組み入れる一種の救済活動として作られたものだったが、1910年11月の「帝国在郷軍人会」発足とともに軍の関与する全国組織に統合される。1918年の大阪の米騒動においては、米穀店への襲撃に対し在郷軍人が武装して市内の警戒に当たった。

朝鮮各地にも13ヶ所の在郷軍人会の支部が置かれ、その下に68ヶ所の分会が結成された。分会の活動は、「射撃会」「撃剣・銃剣の訓練」「狩猟会」、地区の守備隊（軍）との「野外練習」等、軍事訓練に等しいものだった。

朝鮮の日本人自衛団は、この武装集団である在郷軍人会と消防組を中心に、地域の民間人が加わって組織され、独立運動を鎮圧する武力として用いられたのである。これは関東大震災時の「震災自警団」の原型と言えるものだ。

有事の際に利用可能な暴力装置として組織された在郷軍人会が、震災の混乱下で消防団や市民と結びつき自衛・自警という枠を超えて発動したのであった。

流言の主客転倒

三・一独立運動の鎮圧行為と関東大震災の虐殺行為は、ほとんど見分けがつかないほどよく似ている。以下は1919年当時、京城に住んでいた独立運動家・尹致昊《ユンチホ》の日記からの引用である。

「日本の軍隊や憲兵、警察や人夫たちが、刺す、撃つ、蹴りつけ殴りつける、斬る、そしてつるはしで打つなどの残虐行為を行う」（『尹致昊日記』3月28日）

「日没後に朝鮮人が街に出るのはきわめて危険である。何の警告もなしに、警察や憲兵、日本人人夫たちに刺されたり、棍棒で殴られて死ぬかも知れないからだ」（同前、3月30日）

尹致昊はこうした残虐行為の背後に総督府が存在するとみなしていた。

「当局は、つるはしや棍棒、ナイフで武装した日本人人夫に「万歳」集団を攻撃させるという卑劣で残忍な方法をとっている」（同前、3月26日）

朴殷植《パクウンシク》『朝鮮独立運動の血史』（原著1920年12月刊）にも「独立運動家に対する日本人の蛮行の通例」として、

「消防団が鳶口《とびくち》をもって男女老幼を問わず、人さえみれば攻撃した」
「二、三人の人が道路上で言葉をかわしても、曲直を問わず鉄棒で乱打した」
「日本の警察署は、このような兇悪者を利用し、鉄棒、鳶口、はさみなどの兇器を与え、任意に朝鮮人を殺傷させた」

（『朝鮮独立運動の血史』）

など武装自衛団によるリンチ行為が列挙されている。これは震災自警団の残虐行為を予言するものとなった。

また同書には、日本人が朝鮮各地の井戸に毒を投げ込み、食品に毒を混入した事件の記述がある。関東大震災時に「朝鮮人が井戸に毒を投げ入れた」との流言が流されたのは、行為の主客を転倒した表現であり、またそれゆえに真実味を帯びたと言えるかも知れない。

加害者が被害者を装う

この主客転倒は「強姦流言」としても現れた（金富子「関東大震災時の「レイピスト神話」と朝鮮人虐殺」）。

警視庁や神奈川県警察部の史料を見ると、〈不逞鮮人〉が婦女を暴行・殺害したという流言が震災翌日の9月2日に横浜方面から出現し、一気に拡大した様子がわかる。政府が流言の内容を否定した5日以後も、新聞各紙の報道がこれを広めていく。ところが実際に強姦・暴行・殺害の被害を受けたのは、朝鮮人の女性たちだった。

「腹を割かれた妊婦の死体があった。そのほかにも女性の死体の陰部へ竹の棒を突き刺したままのものもあった」（高梨輝憲『関東大震災体験記』）

「私の知りあいの朝鮮人の奥さんの方が、近くの雑木林の中で陵辱を加えられ虐殺された」（後藤順一郎＝西崎雅夫編『関東大震災朝鮮人虐殺の記録』）

「四ツ木橋で殺されたのはみんな見ていた。なかには女も二、三人いた。女は……ひどい。話にならない、真っ裸にしてね。いたずらをしていた」（大川［仮名］＝警視庁編『大正大震火災誌』）

こうした証言は数多く、引用がためらわれるほどの凄惨な内容も少なくない。ここではとても取り上げきれないので、『関東大震災朝鮮人虐殺の記録』『証言集　関東大震災の直後　朝鮮人と日本人』（共に西崎雅夫編）などを参照されたい。

流言はここでも暴行の主体を転倒しているのだが、加害者が被害者を装う光景は現代を生きる私たちにとってもなじみ深いものであろう。

「横浜市大震火災横死者合葬之墓」（上）の脇に建つ「関東大震災殉難朝鮮人慰霊之碑」（下）（横浜市西区・久保山墓地）（筆者撮影）

文壇作家の見た朝鮮人虐殺

震災文学

近代国家・日本が経験した初めての大震災は、〈震災文学〉と呼ぶべき一群の文章を生み出す。その多くは日記、手記、ルポルタージュという形をとった。作家の日記や手記には、被災体験とともに虐殺を見聞した記述があちこちに見られる。

志賀直哉は『震災見舞』に、

丁度自分の前で、自転車で来た若者と刺子を着た若者とが落ち合い、二人は友達らしく立話を始めた。（中略）「――鮮人が裏へ廻ったてんで、直《す》ぐ日本刀を持って追いかけると、それが鮮人でねえんだ」（中略）「然《しか》しこう云う時でもなけりゃあ、人間は殺せねえと思ったから、到頭やっ

ちゃったよ」

二人は笑っている。

（『震災見舞』）

と書き留めた。野上彌生子もまた、

鮮人を殺ろした血でおみくら橋の下の水が赤くなって、足さえ洗われなかったという話。

（『野上彌生子日記』）

を日記に書きつけている。

武勇伝を語った田山花袋

ほかにも泉鏡花、正宗白鳥、芥川龍之介、谷崎潤一郎、佐多稲子ら、数多くの作家が被災体験を書き残しているが、誰もが朝鮮人虐殺に憤慨したり、非難しているわけではない。紀行文の名手でもあった田山花袋は1924（大正13）年4月に単行本『東京震災記』をいちはやく出版する。作中では朝鮮人狩りに対しても批判的に触れている。

だが、当時『中央公論』の編集者だった木佐木勝の日記には、次のような記述が残されている。

9月11日、震災体験の執筆を依頼するため木佐木は新宿から花袋の家のある代々木まで歩いていった。訪ねてみると家も無事、当時51歳の花袋自身もすこぶる元気で、木佐木相手にこんなことを語った。

鮮人が毒物を井戸に投げ込むという噂を聞き、花袋老大いに憤慨、ある晩鮮人が自警団の者に追われ、花袋老の家の庭に逃げ込み、縁の下に隠れたので、引きずり出してなぐってやったと花袋老武勇談を一席語る。

（『木佐木日記』9月11日）

曖昧な島崎藤村

一方で小説となると、日記などに比べてその数はぐんと少ない。最も早い時期に小説というかたちで作品を発表したのは島崎藤村である。

震災の約1ヶ月後の10月8日から22日にかけて、『東京朝日新聞』夕刊紙上に小説『子に送る手紙』を計10回連載している。その第1回には次のような場面がある。

その時、私は日頃見かけない人達が列をつくって、白服を着けた巡査に護られながら、六本木の方面から町を通り過ぐるのを目撃した。脊《せ》の高い体格、尖った頬骨、面長な顔立、特色のある

眼付《めつき》なぞで、その百人ばかりの一行がどういう人達であるかは、すぐに私の胸へ来た。

（『子に送る手紙』）

震災を生きのび虐殺を逃れた朝鮮人の多くは被災地を離れ避難した。しかし避難先にも流言蜚語は押し寄せたため、多くの朝鮮人が迫害を恐れて帰国を余儀なくされた。その総数は4万人を超え、震災前の在日朝鮮人人口のおよそ半数にものぼったという。藤村が見たのはそうした人々の一団だった。

その人達こそ今から三十日ほど前には実に恐ろしい幽霊として市民の眼に映ったのだ。（同前）

それにしても藤村は、なぜこのように曖昧な表現をしたのか。連載開始当時、朝鮮人虐殺はいまだ報道統制下にあり、それが解禁されたのは連載終了直前の10月21日だった。翌22日の最終回に、藤村は次のように書く。

怪しい敵の徘徊するものとあやまられて、六本木の先あたりで刺された人のことを後になって聞けば、まがいもない同胞の青年であったというような時であった。その青年は声の低いためと、呼び留められても答えのはっきりしなかったためと、宵闇の町を急ぎ足に奔り過ぎようとしたためとで怪しまれ、血眼になって町々を警戒していた人達に追跡せられて、そんな無惨な最後を遂げたという。（同前）

情報統制の解除を受け、ようやくこれだけのことを書くことができた、と言うべきだろう。

文壇作家の限界

芥川龍之介は震災の翌年6月、『サンデー毎日』夏季特別号に『桃太郎』という短編を発表する。

芥川は随筆もいくつか発表しており、『大震雑記』での菊池寛とのやりとりでは、自らを「善良なる市民」に擬して「不逞鮮人」（作中では伏せ字）の陰謀を語り、菊池にたしなめさせる。また自身が自警団に参加した事実も吐露している。いずれもレトリックの中に真意を潜ませるような文章である。

短編『桃太郎』は、鬼を平和主義者に位置づけ、桃太郎を侵略者としたパロディ作品だ。「武断主義の犬」（草稿）「地震学などにも通じた雉《きじ》」「鬼の娘を絞殺す前に、必ず凌辱を恣《ほしいまま》にした」猿を引き連れ、桃太郎は「あらゆる罪悪」を行い、鬼が島の「罪のない」鬼を殺戮して、故郷へ凱旋する。しかし鬼の若者たちは「鬼が島の独立を計画する為、椰子の実に爆弾を仕こんで」桃太郎の屋形を襲撃する……。

言うまでもなく、ここには三・一独立運動以後から関東大震災までの日本人と朝鮮人の緊張関係が表現されている。しかし御伽噺《おとぎばなし》のパロディという形式で書かれたこともあってか、この作品が大きく注目を集めることはなかった。

発表当時、芥川ら文壇作家がいまだ当局への配慮を必要とし、筆禍への警戒心を解いていなかったことは明らかだろう。報道の解禁後も、内務省は「流言は事実ではない」ことを認めながら、それを一般に広めようとはしなかった。そのため新聞は、虐殺は〈不逞鮮人〉の暴動に対する自衛行動であったという趣旨の記事を書き続けていた。

帝都の戒厳令は1923年11月には解除されたが、言論を覆う重苦しい空気に表立って抗おうとする文壇作家は存在しなかった。

中西伊之助の小説『不逞鮮人』

幻影としての〈不逞鮮人〉

朝鮮人虐殺を正面から主題にした文学作品は、秋田雨雀（『骸骨の舞跳』）、江馬修（『奇跡』『羊の怒る時』）ら、プロレタリア文学と呼ばれた作家のごく一部の作品に限られる。壺井繁治の『十五円五十銭』もその貴重な作品の一つであった。だが、それらは全て発禁処分になるか、あるいは伏せ字だらけの状態でしか掲載を許されなかった。

そんな言論状況にあって、作家・中西伊之助は、雑誌『婦人公論』で虐殺の不当性を真っ向から批判した。

私は寡聞にして、未だ朝鮮国土の秀麗、芸術の善美、民情の優雅を紹介報道した記事を見た

ことは、殆んどないと云っていいのであります。そして爆弾、短銃、襲撃、殺傷、――あらゆる戦慄すべき文字を羅列して、所謂《いわゆる》不逞鮮人――近頃は不平鮮人と云う名称にとりかえられた新聞もあります――の不逞行動を報道しています。それも、新聞記者の事あれかしの誇張的な筆法をもって。

若《も》し、未だ古来の朝鮮について、または現在の朝鮮及朝鮮人の智識と理解のない人々や、殊《こと》に感情の繊細な婦人などがこの日常の記事を読んだならば、朝鮮とは山賊の住む国であって、朝鮮人とは、猛虎のたぐいの如く考えられるだろうと思われます。朝鮮人は、何等《なんら》の考慮のないジアナリズムの犠牲となって、日本人の日常の意識の中に、黒き恐怖の幻影となって刻みつけられているのであります。（中略）私は敢て問う、今回の鮮人暴動の流言蜚語は、この日本人の潜在意識の自然の爆発ではなかったか？　この黒き幻影に対する理由なき恐怖ではなかったか？

（「朝鮮人のために弁ず」）

小説『不逞鮮人』

中西伊之助には『不逞鮮人』と題する小説がある。1919年の三・一独立運動の後、抗日勢力の首魁と会談しようと朝鮮北部を旅する日本人青年の体験を描いた作品である。震災の前年1922年9月『改造』に発表された。

中西は朝鮮に渡って新聞記者をした後、自伝小説『赭土《あかつち》に芽《め》ぐむもの』をこの年2月に発表、作家として出発したばかりだった。『不逞鮮人』はそれに続く小説で、この一連の朝鮮（人）をテーマにした中西作品は外地文学という新たな領域とみなされていた。

小説の筋立てを紹介する。

自称「世界主義者」の主人公・碓井栄策は、「不逞鮮人」と「心から語ってみたいと云うヒロイック」な気持ちをいだき、朝鮮西北部の「不逞鮮人の巣窟」を訪れる。朝鮮人通訳を伴ってようやくたどり着いたその家で、彼は主人から歓待を受ける。酒を飲み語らううち、主人は京城（現・ソウル）の女学校に通っていた娘の遺品を栄策に見せる。それは古い薄汚れたチョゴリだった。

「このよこれているのは、みんな娘の血てす」

と主人は言う。彼の娘は三・一独立運動のとき、日本の官憲に銃剣で刺し殺されたのだ。深夜、栄策は主人が寝室に忍び込んできたことに気がつく。彼は寝たふりをしながら、「仇敵たる日本人の片われ」として復讐されることを予感し恐怖する。外に逃げ出した栄策は、遠くで異様な叫び声が上がるのを聞き、「不逞鮮人」の襲来を確信する。しかし、通訳は「あれは梟《ふくろう》が啼《な》いているのですよ」と告げる。

その時、目の前の部屋の扉が開き、主人が現れる。彼は「便所、わかりませんか」と栄策に声をかけた。

栄策には、主人が部屋に忍んできた理由がわかった。栄策の荷物を調べ、自分の身を守るためだったのである。

この作品にはついに〈不逞鮮人〉は登場しない。全て主人公の心の中で事件が起きる（起きない）に過ぎないのである。その疑心暗鬼の中にこそ〈不逞鮮人〉は存在していたのだ。

主人公・栄策は夢の中で主人に責め立てられる。

なにが人類愛だ⁉　なにが世界同胞だ⁉　これを見ろ！　これを見ろ！　主人は血によごれ綻びた娘の着物を、その慄える手で摑みながら、彼の面前に振り翳《かざ》し振り翳し、傷ついた猛虎のように狂い叫んだ。

（『不逞鮮人』）

栄策は恐怖でパニック状態に陥る。それは「不逞鮮人の巣窟」に乗り込んだ恐怖からでもあり、同時に自分が加害者として罪を糾弾され、報復される対象なのだという自覚を、この時初めて感じたためでもあった。

翌朝、栄策は丁重に主人の前で頭を下げる。彼は「すべては、自分達民族の負うべき罪だ」という思いに息を詰まらせる。

独立運動の拠点「間島」

小説『不逞鮮人』で主人公が旅したのは、「間島《かんとう》」と呼ばれる地域である。

三・一独立運動の激しさに肝を冷やした日本政府は、長谷川好道朝鮮総督を更迭し、海軍大将・斎藤実を新総督に任じた。そして「武断政治」方針を改め、「文化政治」をもって統治に臨むことにした。

「文化政治」とは具体的には、官吏・教員の制服帯剣の廃止であり、憲兵警察から普通警察制への転換であり、朝鮮語新聞・雑誌の発行許可などであった。2022年に創刊100年を迎えた新聞『東亜日報』『朝鮮日報』は、いずれもこの時期に創刊された。「文化政治」は制限付きながら朝鮮人に一定の表現の自由を保障するものだった。しかし同時にそれは国内の独立運動を根絶やしにするための布石でもあった。当時の原敬首相は「日鮮同祖論」を前提に内地延長主義を進め、「朝鮮ヲ内地ニ同化スルノ方針」を掲げていた。原の胸中には独立運動の存在を認める余地はなかったのである。

弾圧は厳しさを増し、独立運動の根拠地は中国大陸へと移る。上海のフランス租界には「三

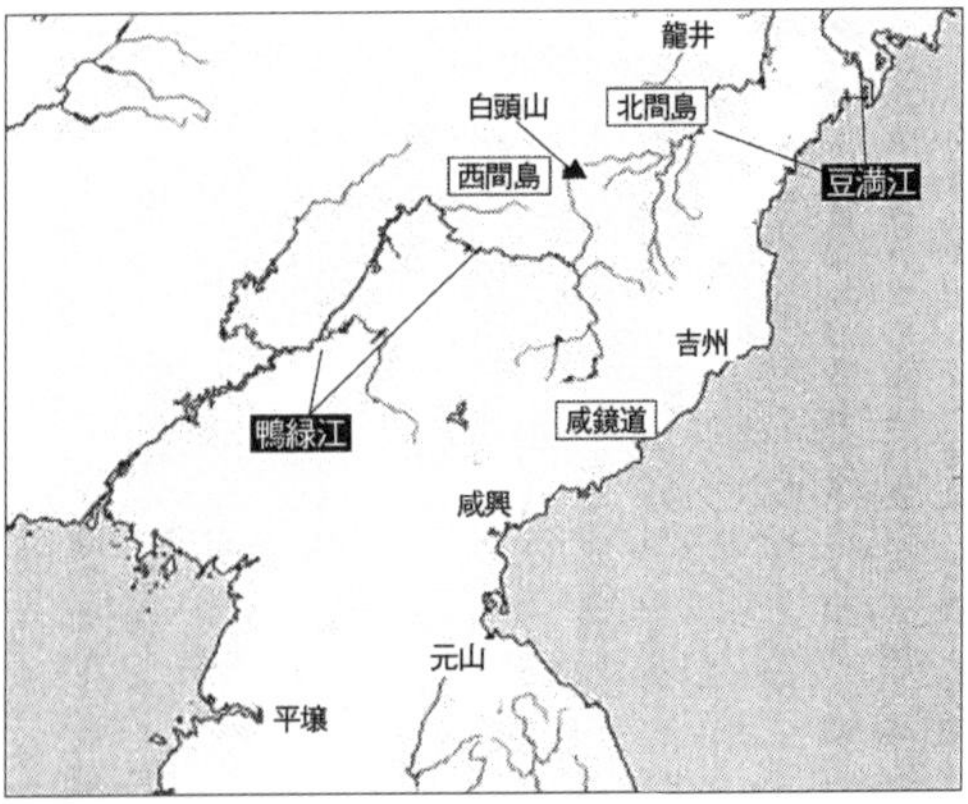

間島地域の地図

千人の朝鮮人亡命政客」（ニム・ウェールズ『アリランの歌』）。後述）が集まり、大韓民国臨時政府が組織された。

独立運動家が最も多く亡命したのは朝中ロ国境地帯の「間島」であった。間島とは豆満江北岸、おもに現在の吉林省延辺朝鮮族自治州一帯を指す。伝統的に多くの朝鮮人開拓民が入植した地域であり、日本の朝鮮侵略が進むにつれ、この地に亡命する朝鮮人の数はますます増えていった。1925年の史料では、間島地域の人口43万人のうち朝鮮人がその8割を占めている。30数万人もの朝鮮人が居住する間島地域には、多くの学校や書堂《ソダン》（＝私塾）、教会が建てられた。

オランダのハーグ平和会議に大韓帝国皇帝・高宗《コジョン》の密使として派遣（ハーグ密使事件）された李相卨《イサンソル》は、1905年「乙巳《いっし》保護条約」（日韓保護条約）に抗議して投獄され国外に逃れた。彼はその翌年、間島の龍井《リョンジョン》に「瑞甸書塾《ソジョンソスク》」を開き、近代教育を導入して民族啓蒙教育を行った。李はこの地で「朝鮮独立軍」を作るべく、多くの若き独立運動家を育成したのである。のちに伊藤博文を射殺する安重根《アンジュングン》が1906年に間島へ脱出したのも、李に師事するためだったという（「明石元二郎報告書」）。

「新興武官学校」と在満朝鮮人の生活

ロシアからの武器調達の容易さもあり、間島は武装闘争の最も活発な地域となっていく。日韓併合までは豆満江対岸の「北間島」がその中心だったが、併合後は黄海へ注ぐ鴨緑江対岸の「西間島」に亡命する者が急速に増えていった。小説『不逞鮮人』の舞台となったのも「西間島」と思われる。

1913年、この地に「新興武官学校」が建設された。独立運動家キム・サン（本名・張志楽）の半生を記録したニム・ウェールズ『アリランの歌』には、キム・サンが「哈泥河《ハニホー》の軍官学校」に入学したという記述があり、それはこの「新興武官学校」のことである。『アリランの歌』の記述を追ってみる。

三・一独立運動後、日本での留学生活に見切りをつけたキム・サンはモスクワに留学することを計画して満洲に渡る。しかし列強のシベリア出兵に阻まれ、彼は目的地を西に変え南満洲の軍官学校を目指して700里の道を歩くことにした。途中、朝鮮人の村に滞在した彼の目に映る間島の朝鮮人たちの生活は、中国の地方政権から圧迫を受ける苦しいものであり、馬賊の襲撃を受け、なけなしの財産を奪われることもしばしばだった。「満洲に住む朝鮮人はみな朝鮮に帰る日を待ちわび、独立の日を夢みてじっと我慢していた」(ニム・ウェールズ『アリランの歌』松平いを子訳)。

やっとのことで新興武官学校にたどり着いたキム・サンは入学を願い出る。だが、「十五歳の小僧はとりあってもらえなかった。十八歳が最低限度なのである。私はすっかり落胆して泣き悲しんだ」(同前)。結局、キム・サンの長い旅の全貌を知った学校側は、「例外的な人物」として彼の入学を認めた。

キム・サンはここで軍事戦術を学び、射撃訓練を受けた。朝鮮北部の地勢を学び、ゲリラ戦の技術を叩き込まれた。そのかたわら朝鮮の歴史を熱心に学んだという。

1920年3月1日、初めての「三・一記念日」が近隣の三源堡《サンユアンブ》(浦)で催された。キム・サンによれば当時の満洲には朝鮮人中学校3校、1200の小学校、秘密の軍官学校2校があったという。在満朝鮮人の数は100万人に上り、シベリアにも何十万人が移住し、日本にも30万人の労働者が流入していたとしている。実際には1920年時点の在日朝鮮人数は内務省警保局統計によれば約3万人である。10年後の1930年には約30万人となる。『アリランの歌』の著者ニム・ウェールズがキム・サンに初めて会い聞き取りを行ったのは1937年夏であることを考えると、30万人というのはその時点の数字を語ったと考えられる。

三源堡の牧師の家に逗留したキム・サンはすっかり気に入られてしまい、娘と結婚してほしいと請われる。15歳の少年だった彼はその申し出を断るのだが、かえって娘のことが気にかかりはじめ、武官学校での教育を終えたのち、キム・サンは再び三源堡に戻る。

三カ月の学習期間は六月に終わったが、楽しいのでもう一週間学校にいた。そのあとまた三源堡へ牧師――と彼の美しい娘――に会いに帰り、テニスをしたり湖で泳いだり網で魚をとったりしてひと月近く過ごした。そしてますます娘を好きになった。（同前）

間島に生きる若者の日常の一こまである。

しかし、つかの間の青春が過ぎ去るのは早い。新興武官学校は授業料を免除する代わりに、最低2年間独立運動に参加して活動する義務を学生に課していた。3ヶ月ほど近隣の小学校で教えたキム・サンは、臨時政府のもとで働くべく上海に旅立った。その後、牧師父娘に再会することは、二度とかなわなかった

〈不逞鮮人〉の誕生

詩人・槇村浩《まきむらこう》が『間島パルチザンの歌』を発表したのは1932年3月1日のことである。「思い出はおれを故郷へ運ぶ／白頭の嶺を越え、落葉松《からまつ》の林を越え／蘆《あし》の根の黒く凍る沼のかなた／赭《あか》ちゃけた地肌に黝《くろ》ずんだ小舎の続くところ／高麗雉子が谷に啼《な》く咸鏡《かんきょう》の村よ」と書き出される長編詩を書いたのは、高知に住む若干20歳の青年だった。

12歳のとき故郷・咸鏡《ハムギョン》の村で三・一独立運動を目の当たりにし、弾圧を逃れ故国を離れて抗日パルチザンに加わった少年の視点から綴られたこの哀切と熱血の「歌」は、発表当時、作者は朝鮮人だと思われていた。作家・金達寿《キムタルス》もまたその一人で、ながく在日朝鮮人が日本名で書いた作品と信じていたという。

この作品で描かれる間島の風景はそれほどリアルであり、25歳の戦士に成長した青年が心に深く刻んだ〝恨《ハン》〟はそれほど迫真に満ちていた。

おお
おれたちの自由の歓びはあまりにも短かかった！
夕暮おれは地平の涯に
煙を揚げて突き進んでくる黒い塊を見た
悪魔のように炬火《かがりび》を投げ、村々を焰の×（注・伏せ字）に浸しながら、喊声《かんせい》をあげて突貫する日本
騎馬隊を！
だが焼け崩れる部落の家々も
丘から丘に炸裂する銃弾の音も
おれたちにとって何であろう

（中略）

よし、焰がおれたちを包もうと
よし、銃剣を備えた騎馬隊が野獣のようにおれたちに襲い掛かろうと
おれたちは高く頭《かしら》を挙げ
昂然と胸を張って
怒濤のように嶺をゆるがす万歳を叫ぼう！

（『間島パルチザンの歌』）

槇村は作品発表後まもなく治安維持法違反で検挙され、不転向を理由に3年の拘禁刑に処された。獄中で心身の病を発し1935年6月に高知刑務所を釈放となるが、翌年に再検挙される。結局彼は26歳の短い生涯を閉じるまで、一度も朝鮮に渡ることはなかった。彼の作品もまた発禁処分にされ、広く公に読まれたわけではなかった。それでも『間島パルチザンの歌』は日本への留学生を通じて間島へと伝わり、戦中には同地の朝鮮小学校で教えられていたという（戸田郁子『中国朝鮮族を生きる』）。

おれたちはいくたびか敗けはした
銃剣と馬蹄はおれたちを蹴散らしもした
だが
密林に潜んだ十人は百人となって現われなんだか！
十里退却したおれたちは、今度は二十里の前進をせなんだか！
（同前）

『間島パルチザンの歌』の着想は、1930年に北間島龍井《リョンジョン》を起点とした武装蜂起「紅五月闘争」（間島五・三〇事件）から得られている。共産主義者が主導したこの蜂起は、農民を巻き込み、約1年にわたって繰り返し暴動を引き起こした。

「学校を焼き、電線を切断／間島に不逞鮮人蜂起」「爆弾を投じ各所に放火／全市焼土化計画暴露す」（『土陽新聞』）など、内地の新聞は抗日パルチザンの闘争を無差別テロ事件かのように扱ったが、実際に標的になったのは発電所、鉄道、電話線といった社会資本であり、東洋拓殖会社間島出張所など経済収奪を行う機関、そしてそれに協力する親日派地主などだった。

680件もの蜂起が相次いだこの「間島農民暴動」鎮圧のため、総督府は警察官を約600名に補充し、現地の中国軍閥政府と連携して事にあたった。逮捕者は約1200人にものぼり、最終的に501名が被疑者として京城に押送された。実刑判決を受けたのはその半数以上の262名、うち死刑22名、取調べ中の死亡26名、残りは無罪となった。暴動での死者を合わせると、朝鮮人160人以上、中国人47人の犠牲者を出した（『朝鮮日報』1931年4月12日）。

隠された虐殺事件

一連の暴動は槙村浩という若き詩人の心を掻き立てた。出獄後に書き上げた「アジアチッシェ・イデオロギー」で槙村は「東洋人民革命」を理想する。だが彼が『間島パルチザンの歌』を書く10年以上前に、間島全域で展開され、多数の人々の命を奪った「不逞鮮人討伐事件」があった。

それはまず西間島で起きた。1920年8月、中国人馬賊・長江好が三源浦の町を襲撃する。『アリランの歌』でキム・サンが牧師・安東禧《アンドンヒ》父娘とテニスや水泳をして過ごしたあの町である。長江好は朝鮮総督府の委嘱を受け西間島の朝鮮人集住地を蹂躙していた。当時の日本側の文書にはこうある。

長江好は邦人中野清助の仲介にて朝鮮総督府の嘱托に依り、大正九年八月頃柳河県三源浦の不逞鮮人を装い其《そ》の首魁二十名を捕え（中略）前記不逞鮮人の首魁二十名を銃殺し更に臨江県方面の不逞鮮人の討伐に従事し、尠《すくな》からざる不逞鮮人の行動を妨げつつありと。

（「馬賊首領長江好ノ行動」『現代史資料28』）

少年キム・サンが淡い恋心を抱いた少女とその家族にも悲劇がふりかかった。

安東禧一家に何が起こったか？　彼と妻と娘とは、二人の息子が生きながら三つに切られるところを無理やり見させられ、それから老牧師は素手で自分の墓穴を掘らされてその中に横たわり、日本の兵隊が生きたままの彼をゆっくりと埋めた。

（『アリランの歌』）

それらを目のあたりに見せられた牧師の妻は、川に身を投げ自殺した。キム・サンの初恋の人、14歳の少女に何が起こったか。

「探り出すことはどうしてもできなかった。私はいつもそれを考えるのを避けてきた」（『アリランの歌』）とキム・サンは語っている。

白頭山頂から望む現在の間島地域。写真提供＝石丸次郎（アジアプレス）

2ヶ月後、北間島で「琿春《こんしゅん》事件」が起きる。9月12日に北間島の主要都市・琿春市街を武装集団が襲撃し、続く10月2日に〝馬賊〟が同地の日本領事館分館を襲撃した。領事館は炎上し、日本人13名、朝鮮人3名、中国人1名の犠牲が出た。

朝鮮総督府は、襲撃を行ったのは「不逞鮮人、露国過激派、馬賊」と断定する。そして朝鮮総督府の要請を受けた原敬内閣は「間島出兵」を閣議決定した。「居留民保護」と「不逞鮮人の禍根を一掃する」ために朝鮮軍第19師団を動かしたのである。

また原首相は、同時にシベリア出兵の帰還師団をハバロフスクから陸路、間島に向かわせている。戦闘に参加させるためではなく「示威のため」（『原敬日記』）だった。「不逞鮮人の策源地」であるウラジオストクに兵力を残し、ロシアの「過激主義の者（注・共産主義者）と密接なる関係」を生じさせないためだったという。

「琿春事件」に乗じて約1万5000名の日本兵が間島に展開する一方、日本と結んだ奉天の軍閥・張作霖もまた3000の兵を間島に派遣し〈不逞鮮人〉の討伐に当たった。その残虐さは、酸鼻をきわめるものだった。

十月二十九日、日本軍数百名は突如として延吉県細鱗河方面に至り、韓人家屋数百戸を焼き、韓人にて銃殺せられたる者夥《おびただ》し、又翌三十日午前八時三十分、延吉県街を距る約二里帽山東南青溝村附近韓人部落七十余戸は日軍の為に一炬に付せられ、併せて五百余発の銃弾を発射し、同村を包囲攻撃せり、同村居住韓人三百余名の中、辛うじて遁《のが》れたるもの僅かに四、五名のみ、その他老若男女は火に死せずは銃に傷つき、鶏犬たりとも遺る所なく、屍体累々として横たわり、地に満ち、血は流れて川と成し、見る者涙下らざるはなし。

（『震檀』1920年10月、姜徳相『一国史を超えて』より再引用）

『震檀』は上海の大韓民国臨時政府系新聞である。事件を目撃した宣教師の体験を記事にしたものと思われる。また、三源浦を襲った馬賊・長江好の参謀である日本人・中野清助による「不逞鮮人討伐ニ関スル覚書」には次のように書かれている。

大正九年十月下旬（中略）**まず我が部隊は該部落を襲撃し、家屋四十余戸を焼き払い、光復**（注・**独立**）**団員、練兵教官及び第二隊長、外交部長及び同部員三名並びに区長、副区長、光復団兵卒等十余名を毒瓦斯《ガス》を使用し殺戮せり。**

（「不逞朝鮮人討伐ニ関スル覚書」、姜徳相「一国史を超えて」より再引用）

「十七才以上の男子は全部殺害」したという徹底的な殲滅作戦だった。

間島出兵による被害について、中国政府が日本政府に対し損害賠償を求めている。それによれば被害の全容は、死者3103名、捕縛者238名、強姦76名、家屋の放火2507戸、学校の焼失31校、教会の焼失7棟であった（姜徳相「一国史を超えて」）。

朝鮮独立軍は日本軍と戦闘状態に入り、「青山里の戦い」などでは日本側に手痛い損害を与えた。だが戦闘員と一般市民を区別せず、一村の住民をまるごと殺戮する日本軍の行為を目撃した宣教師らは、事件を海外の報道機関に告発した。これに対し日本側は一貫して「不逞行動を敢えてせる鮮人団討伐に伴う自然の結果」であるという趣旨の抗弁に終始した。

虐殺はテロとの戦い――

朝鮮ではこの虐殺事件を「庚申年惨変」と呼び、知らない者はない。だが日本でこの事件の深層を知る人が少ないのは、現在にかぎったことではない。

『読売新聞』は1920年10月9日から「厄介な不逞鮮人」と題する3回の連載を始めた。第1回には「露国過激派と通じて我が官民を殺傷す」という見出しを付け、「是等《これら》の土匪《どひ》は各地を襲撃してあらゆる暴虐を逞《たくまし》うすべし（中略）その集団は単に馬賊のみならず武装せる不逞鮮人及び露国過激派も多数混入し居れるものの如し」と、間島における〈不逞鮮人〉の危険さを書きたてている。独立を求める〈不逞鮮人〉は、日本の鮮満権益に相反する軍事的敵対者（匪賊・土匪）とみなされ、間島出兵はテロとの戦いに勝つための「正義」と位置づけられた。その中で〈不逞鮮人〉の殲滅は正当視され、虐殺は不問に付された。言論界ではわずかに吉野作造だけが無差別殺戮に着目し、「世界の道徳判定の問題」と控えめに批判した。

朝鮮人との連帯を求めはじめていた社会主義者も、当時この事件に関心を示すことはほとんどなかった。その中で中西伊之助は、朝鮮北部を旅した紀行文中に、自らを「不逞日本人」と称した。それは〈不逞鮮人〉に対する彼独特のまなざしであり態度の表れだった。だがその中西にしても、まさかその3年後、帝都東京で惨劇が繰り返されようとは、夢にも思っていなかっただろう。

寺内総督暗殺未遂事件

すでに見てきたように、1919年の三・一独立運動が朝鮮総督府の統治政策に与えた影響は大きかった。第一次大戦とロシア革命が国際社会を揺さぶる中に起きた大規模な抵抗運動は、中国の民族運動「五四運動」とも連動し、国際的なニュースとなった。日本国内では「万歳事件」「騒擾」「暴動」などと矮小化して報道されたものの、植民地統治方策の見直しを迫る論調が多く現れ、このとき初めて日本の民衆は、朝鮮人が植民地支配に強い反感を抱いていることをはっきりと意識した。

朝鮮人に対して〈不逞〉のレッテルが貼られた最も早い例は、1912年2月の「寺内正毅総督暗殺未遂事件」（一〇五人事件）とされる。この事件は総督府によるフレームアップだが、この時「不逞事件ニ依ッテ見タル朝鮮人」と題する文書が作成されている。さらに言えば「鮮人」という呼称が使われるようになったのは1910年の日韓併合以後である。新聞などではそれまで「韓人」（大韓帝国人）としていたのを、植民地化され「朝鮮」という〝地方名〟になると「鮮人」に切り替え、それが侮蔑的な呼称として日本社会に定着していった。

〈不逞鮮人〉＝テロリスト

「不逞」と「鮮人」を組み合わせて用いたのは、1916年の間島日本領事館の報告書が最初とされる。ここでは間島地方から朝鮮人を追放する根拠として、「不逞鮮人であること」が挙げられている。そして、この言葉が内地の新聞に逆輸入され、一種の流行語となる。

間島からは抗日独立運動家が輩出され、各地で行動を起こしていた。1919年9月2日、京城に到着した朝鮮総督府の新総督・斎藤実が南大門駅で爆弾を投げつけられる暗殺未遂事件が起きる。また1920に2月にはロシア・アムール川河口の港町ニコラエフスクに駐屯する日本軍が住民とともに殺される「尼港《にこう》事件」が起きた。

前者はシベリアの独立運動組織「老人団」のメンバー姜宇奎《カンウギュ》によるものだったし、「尼港事件」では朝鮮人がロシアのパルチザンと共闘した。

日本国内でも1920年6月に日本の皇族・梨本宮方子《なしもとのみやまさこ》と結婚した王世子・李垠《イウン》暗殺計画が発覚する。首謀者は政略結婚に憤慨した独立運動家の徐相漢《ソサンハン》だった。

これらの事件は大きなニュースとなり、そこには「不逞」の文字が躍った。

斎藤総督暗殺未遂事件を報じた記事には、「一部不逞の徒による児戯背徳の行為」（『東京朝日』）「一部不逞の盲動」（『大阪朝日』）とある。

上海の大韓民国臨時政府にも参加した独立運動家・呂運亨

内地・外地で発行された新聞に「不逞鮮人」と見出しの付けられた記事は、1919年4月に初めて登場したあと急増していった（アンドレ・ヘイグ「中西伊之助と大正期日本の「不逞鮮人」へのまなざし」）。それらを読むと新聞・雑誌の言う〈不逞鮮人〉の正体が姿を見せる。

例えば『読売新聞』は1920年8月18日、大物独立運動家・呂運亨《ヨウニョン》の写真を大きく掲げ、「不逞鮮人が独立運動の顚末／暗殺放火強盗を恣《ほしいまま》にす／狂暴驚くべき僭称政府の方針」と見出しを立てた記事を掲載している。呂は前年に日本政府の要請に応じて上海の大韓民国臨時政府から来日し、懐柔を目論んだ日本政府の期待を裏切って、帝国ホテルの記者会見で1時間20分にわたる「独立演説」の熱弁をふるった。演説は物議をかもし、内外の新聞に大きく報道された（「呂運亨事件」）。

「不逞」のレッテルは、独立運動に関わる朝鮮人に与えられるものであった。同時期の日本人社会主義者にこの言葉が使われることはなく、大英帝国の植民地化に抵抗していたアイルランド人やインド人には用いられていた。中国『春秋左氏伝』に由来する「不逞」の語は、ここにその意味を歪曲され、帝国に反逆する「凶悪なテロリスト」を指す言葉となった。

植民地の慟哭を描いた中島敦

〝新感覚派〟と復興

関東大震災から2年も経つと〈震災文学〉は下火になっていく。芥川龍之介によれば、その理由はこういうことになる。

大地震の災害は（中略）ただ大地の動いた結果、火事が起ったり、人が死んだりしたのにすぎない。それだけに震災の我我作家に与える影響はさほど根深くはないであろう。

（「震災の文芸に与ふる影響」）

徳田秋聲もまた、

気持ちの上でカラリとしたものを求めるより外《ほか》はない。（中略）ここ暫《しば》らくはそういう娯楽物が一般的な読書界を支配するのも亦《また》自然のことである。

（「秋聲閑談　震災後の文芸に就いて」）

と語っている。これは震災後に隆盛した大衆文学ブームを予言するものだった。

震災復興橋の一つ、東京御茶ノ水の「聖橋」。1927（昭和2）年に建造された（『帝都復興記念帖』復興局・1930年）

急速に進む帝都の復興は、横光利一や川端康成ら〈新感覚派〉と呼ばれた作家たちに強い影響を与えた。横光の述懐によれば、「私の信じた美に対する信仰は、この不幸（注・関東大震災）のため忽《たちま》ちにして破壊された。新感覚派と人々の私に名づけた時期がこの時から始った」（「解説に代えて」『三代名作全集　横光利一集』）という。

震災後の市街にはコンクリートの共同住宅が造られ、自動車が走り、飛行機が空中を飛び始めた。「焼野原にかかる近代科学の先端が陸続と形となって顕れた青年期の人間の感覚は、何らかの意味で変らざるを得ない」（同前）のであった。

川端康成もまた震災から6年後の1929（昭和4）

年に『浅草紅団』を書き、震災前／後の繁華街・浅草の変貌から、「新しく書き変えられた「昭和の地図」」を広げて見せる（十重田祐一「横光利一と川端康成の関東大震災」）。

そうした文学作品が大衆の支持を受けたのは、ネガ（破壊）からポジ（建設）へとモードチェンジする時代とシンクロしていた。

風景の消滅が、記憶そのものを消し去るわけではないだろう。しかし、誰もが知っていたはずの朝鮮人虐殺という残虐行為の痕跡は、以後文学史上からほとんど消え去ってしまう。

植民地の動揺

1909（明治42）年、東京四谷に生まれた中島敦は、1920（大正11）年父の転勤に伴って朝鮮に渡り、龍山尋常小学校に転校、翌年には京城中学校に進んだ。東京に戻り第一高等学校（現・東京大学教養学部）に入学するまでの5年半、いまだ三・一独立運動の余震をはらむ京城で、中島は少年期の終わりを過ごした。彼が文学に取り組み始めたのも京城中学時代であり、同級生にはのちに植民地文学の代表作と言われる小説『カンナニ』を発表する湯浅克衛がいた。

1923年・関東大震災の起きた年、中島は京城中学3年生だった。彼はそこで何を見ただろうか。当時、植民地・朝鮮には動揺が走っていた。

震災勃発の報は朝鮮社会を揺るがせた。朝鮮総督府はいち早く報道管制を敷いたが、震災で混乱する被災地に「不逞鮮人暴動」の流言蜚語が広がったことを朝鮮の新聞各紙はすでにつかんでいた。

日本政府は渡日した同胞の安否情報を求める朝鮮人の行動を警戒し、下関で朝鮮人の帰還を拒絶する方針を閣議決定、朝鮮総督府も内務省に同調して渡日阻止に動いた。

しかし、内地では加害や虐殺、迫害を逃れて朝鮮へ帰ろうとする朝鮮人が、関釜連絡船に乗るため下関に押し寄せた。帰還者から虐殺事件が伝わることを恐れた総督府は、「救護事務所」と称して釜山に収容所を設置し帰還者をその中に押し込めた。収容所内では、取調べと虐殺事件への口封じが厳重に行われた。

被害者の精神的殺害

帰還した朝鮮人たちから聞き取りをした報告書がある。朝鮮総督府がまとめたものだ。

「無判別の虐殺が行われたり。（中略）**朝鮮人という三字がその因を為したるものにして、何と云っても個人的にあらずして民族対民族の行為なり」**（「避難民及地方民の感想報告」、渡辺延志『歴史認識　日韓の溝』より再引用）

「正当防衛なりと弁護するものあるも、これは全く世人を瞞着《まんちゃく》し、殊に朝鮮人を馬鹿にする言なり。（中略）朝鮮人の生命は蝿よりもなお軽かりしことを回顧すれば事自ずから明らかなるものあり」（同前）

「竹槍鳶口等を以て野犬撲殺同様の光景を目の前に見せられたる以上、苟《いやしく》も人心を具備せるものなれば悪感の起るを禁じ得ざる」（同前）

いわれなき迫害により生命の危機にさらされた体験が、被害者である在日朝鮮人の心に深い傷を与えた。次のような指摘もある。

「官憲及び知識階級に於ては朝鮮人の惨殺されたるもの少数なりと弁ずるもの多し。然《しか》れども我々は被害者の多寡を問わんとするものにあらず」（同前）

虐殺を逃れ生命の危機から脱した者たちもいるが、それは「僥倖《ぎょうこう》に過ぎざるのみ」という。なぜなら、

「東京附近在留の朝鮮人は日本人の精神的に於ては更に全部殺されたものなればなり」（同前）

日本人は、全ての朝鮮人を精神的に殺してしまった。その時、生きのびた朝鮮人の精神もまた殺されたのである。

朝鮮で流れた流言蜚語

関東大震災時に在朝日本人の間でも、三・一独立運動の時と同様に「自警団」を組織する動きが広がったことは前に述べたが、注目すべきは、このとき内地と同じ流言蜚語が流れたことだ。

当時、総督府警務課長だった丸山鶴吉は回顧録に次のように記している。

> **朝鮮人が水道に毒薬を投じたとか、或は密かに武装して蜂起の計画があるとかの流言が飛び（中略）釜山においてすら日本刀を携えて水源地を守る者さえあるに至った。**
>
> （『五十年ところどころ』）

また政務総監・有吉忠一は、朝鮮人による報復を「非常に心配」したという。

鮮人虐殺の報に一般鮮人が昂奮の余り、報復的に在留内地人の虐殺をやりはしないかと云う事であった。（中略）無類の鮮民が暴行の端を開き、それがモッブ（注・群衆）化して全半島に蔓延し随所に内地人虐殺が行われる様な事になったら、二個師団の兵力では誠に心細い。

（「有吉忠一関係文書」、西村直登「関東大震災に対する朝鮮社会の反応」より再引用）

日本で朝鮮人が感じていたその同じ恐怖を、この時有吉らは感じていた。危機を回避すべく、丸山は9月18日付で朝鮮全道知事に宛てて自警団解散の命令を下す。むやみに朝鮮人を刺激して、もし抵抗闘争が始まれば、数で劣る日本人の被害は多大になると判断したのだ。

朝鮮からの現地調査

一方、震災直後の9月2日には、『東亜日報』編集局長・李相協《イサンヒョプ》が、内地渡航者の家族400人から安否確認の依頼を受けるかたちで、日本に向けて出発していた。3日に釜山から下関、5日には大阪に到着した李は、船で横浜に向かった。被災地で精力的に情報収集をする中で、彼は事態の真相を理解する。

9月13日、帝国ホテル第148号室で外務省アジア局第三課長・坪上貞二と元外務省通訳官の小村俊三郎記者と面談した李は、震災下で起きた朝鮮人迫害の原因について、およそ次のように話している（日本政府震災朝鮮人関係文書「李相協（東亜日報社）談話要領」『現代史資料6　関東大震災と朝鮮人』より要約）。

・**朝鮮人を被征服者と見なし、常時彼等を蔑視し下等民族とする習性があったこと**
・**内地新聞紙上において、朝鮮人と言えば常に独立運動、不逞の徒としてのみ日本に紹介してきたこと**
・**多数の朝鮮人労働者が渡航してきたことにより、日本人労働者の間で嫉妬反感の感情を醸しつつあること**
・**人心が興奮状態にあった時、責任当局が流言飛語の拡散防止に努めなかったこと**

李相協は、陸軍被服廠跡地（現・横網町公園）に避難して罹災した朝鮮人は14、5名に過ぎなかったという警察の談話からみて、地震で「圧死」または「焼死」した者がいたにせよ朝鮮人犠牲者の「大多数は殺害せられたるもの」という結論に至る。

そして、軍・警察・青年団（自警団）等の迫害行為は「全く常軌を逸せるもの」であり、日本政府は「誠意をもって陳謝」すべきとし、さらに「事態の真相を率直に公表」し「激越の行為に出でたる者は之を適宜処罰する」よう求めた。

植民地・朝鮮の慟哭を描いた中島敦

京城中学を卒業後、帰国した中島敦は1926年4月、第一高等学校に進学した。小説『巡査の居る風景』は、肋膜炎を患って1年間一高を休学した後、『校友会雑誌』322号（1929年）に掲載した短編である。いわゆる習作にあたるもので、「一九二三年の一つのスケッチ」という副題が付けられている。

登場人物の一人、京城の淫売婦・金東蓮が客に身の上話をする。

「亭主が死んで身寄りがなくって」仕方なく今の仕事をしていると語る彼女に、客が夫はいつ死んだのかと尋ねる。

――此《こ》の秋さ。まるで突然だった。

――何だ。病気か？

――病気でも何でもない地震さ。震災で、ポックリやられたんだよ。

（中略）

――じゃあ、何かい。お前の亭主はその時日本に行ってたのか。

――ああ、夏にね。何でも少し商売の用があるって、友達と一緒に、それも、すぐ帰るって東京へ行ったんだよ。そしたら、すぐ、あれだろう。そしてそれっきり帰ってこないんだよ。

（中略）

――オイ、じゃあ、何も知らないんだな。

――エ？ 何を。

――お前の亭主は屹度《きっと》、……可哀そうに。

（『巡査の居る風景』）

夫の死の真相を知らされた金東蓮はその夜、血にまみれておどおどと逃げ惑う夫の姿を夢に見る。やがて夜明けとともに街路に飛び出し、通りすがりの人々に向かって、

――みんな知ってるかい？ 地震の時のことを。（中略）

――それでね、奴等はみんなで、それを隠して居るんだよ。

と呼ばわり、ついに巡査がやって来る。朝鮮人巡査に武者ぶりつきながら彼女は、「何だ、お前だって、同じ朝鮮人のくせに」と涙をポロポロと流しながら叫ぶのである。

中島敦の〈植民地〉体験

植民地という異空間で少年期を送った中島敦は、外地の風景に置かれた内地人であった。そんな彼にとって関東大震災とは、朝鮮人が日本で虐殺された事件に他ならなかった。

それは内地の文壇作家が誰一人として書き得ない主題だった。

少年期を朝鮮で過ごした朝鮮を題材に小説を書いた中島敦

短編『巡査の居る風景』を書いた時点で中島はいまだ作家志望の学生に過ぎなかった。しかし彼はその後も朝鮮や中国を題材にした作品を書き、パラオに赴任して以後は、一連の南洋小説を発表する。ある時期まで彼のまなざしは、植民地という土地に根ざしながら、そこに生きる人間を（支配者たる日本人も含めて）複眼的にとらえようと試みていた（小谷汪之『中島敦の朝鮮と南洋』）。

のちに中島の全集を編纂する一高同窓生・氷上英広によれば、中島自身はこの作品を単体で発表すると「左翼のように思われる」ので、「毒消し」のために別の作品を同時に掲載したという。

反復する悪夢　①消えぬ被害者のトラウマ

日本を離れても……

復興が進み震災の風景も記憶も消え去る中、朝鮮人だけが、ひとり虐殺の記憶の中に閉じ込められていた。それは朝鮮に帰還した者も同じだった。

震災当時、東京物理学校（現・東京理科大）の留学生だった李性求《イソング》は、学費を稼ぐための仕事に向かうところを、雑司ヶ谷を過ぎたあたりで日本人の避難者に殴りつけられ、大塚警察署に連行された。

地下足袋をくるんでいた新聞にノロ鹿狩りの記事があり、そこに「銃」という文字があったのを見咎《みとが》められたのであった。

警察署では「明日殺すんだ、今日殺すんだ」という話ばかりで、半分死んだようになった朝鮮人が新しく入ってくるのを見て、「あ、これは私も殺される」と李は思った。

1週間以上も警察署に収容され、やっと釈放されたものの下宿に帰る途中で迷ってしまい醬油屋で娘さんに道を尋ねた。

彼女は道を教えてくれたのはいいが、すぐに「あそこに朝鮮人がいく!」と大声で叫び、自警団の青年たちが追いかけてきた。

李は「捕まったらその場で殺される」と思い、近くの交番に飛び込んで助けを求めたが、追ってきた自警団に交番内で暴行を受け、警察官も彼を殴りつけた。

1926年に東京物理学校を卒業した李性求は、朝鮮に戻って学校に勤務した。しかし、後ろから生徒の走る音が聞こえると身体がいつも硬直したという(ほうせんか編著『増補新版 風よ鳳仙花の歌をはこべ』)。

空襲下で、原爆被爆下で

暴力のトラウマが人生の長期にわたって被害者を苦しめることは知られているが、ここではそれが個々の体験者の心的領域にとどまらないことを見ていきたい。

虐殺体験は、被害者の属する集団内で記憶として共有され、集合的な無意識に埋め込まれて後の世代に継承されていった。朝鮮人の精神の中でくり返し虐殺の記憶は回帰したのである。

とりわけ戦時下において、それが顕著に見られる。『特高月報』1943（昭和18）年1月分には、愛知県の朝鮮基督教会内で、

日本内地に居る朝鮮人にとって一番危険なことは、空襲そのものの害よりも日本国内が混乱した場合、それを鎮圧するため朝鮮人を虐殺することである。

との議論があり、「関東大震災当時のようなことがこの度も起きる可能性」について危惧しているという記載がある。

また1945年3月10日、関東大震災の体験者である李珍鎬は、米軍爆撃機の大空襲から逃れるため、家族を伴って東京から千葉へ避難しようとする。荒川に架かる平井大橋にたどり着くと多くの避難民がそこで休んでいた。

李珍鎬は橋を渡る時、家族に「一言もしゃべるな」と告げた。橋のかかる葛飾区は、まさに関東大震災での虐殺現場だった。李は朝鮮人であることを知られてはいけないと思ったのである（鄭永寿「関東大震災時の虐殺事件によるトラウマ的体験とそのゆくえ」）。

広島市内の軍需工場で働いていた被爆者が多いことから「韓国のヒロシマ」と呼ばれる陜川《ハプチョン》

千住警察署に収容された朝鮮人たち（『関東大震災写真帖』日本聯合通信社・1923年）

出身の厳粉《ウォンブン》連《ニョン》は、原爆で被爆してリヤカーに乗せられ救護所に向かう途中、父親に「絶対に韓国語を使うたらいけんよ」と言われた。

関東大震災で朝鮮人が放火したという流言が広まったように、この混乱下でも朝鮮人が暴動を起こすと疑われ、「犬に附ける薬はあるけれどお前たち朝鮮人につける薬はない」と治療を拒否されるからだと（丸屋博・石川逸子編『引き裂かれながら私たちは書いた　在韓被爆者の手記』）。

「嬉しそうな顔をしてはいけない」

朝鮮人虐殺事件研究の第一人者である琴秉洞《クムビョンドン》は敗戦の日、叔父から、「嬉しそうな顔をしてはいけない」と言い聞かされた。

関東大震災の時、日本人は何の罪もない朝鮮人を何千人も殺したんだ。吾々が、今すぐ独立するんだと、嬉しそうな顔をすると、倭奴《ウェノム》（注・日本人）はきっと吾々に危害を加えるに違いない。
（「あとがき」『関東大震災朝鮮人虐殺問題関係史料Ⅰ』）

最近ではＤＨＣテレビジョン制作の『ニュース女子』番組内で中傷を受け提訴していた辛淑《シンス》玉《ゴ》さんの勝訴判決記者会見があった。

沖縄の米軍基地移転反対運動に関する虚偽報道の中で、同番組が辛淑玉さんへの名誉毀損を行ったことを東京地裁が認めたのである。

２０２１年９月、会見で辛さんは祖母の思い出を語った。

東京で関東大震災を体験した辛さんの祖母は、「死ぬまで夢遊病のように鍋釜を持って、いつも寝たかと思うと起き出して、眠りながら部屋の中をくるくる回り」続けた。あるとき「ばあちゃん、何の夢を見てるの？」と尋ねると、祖母は「日本人が追いかけてくるんだよ」と言った。

奇しくも勝訴判決が出たのは関東大震災の起きた９月１日であった。

「私にとって関東大震災は歴史の一つではない」と辛淑玉さんは言う。

反復する悪夢 ②「木本事件」と加害者のトラウマ

「木本事件」と加害者のトラウマ

前節では、残虐行為の被害者がその記憶に囚《とら》われ、年月を経ても心の傷が容易に寛解しない状況を見た。では加害者側はどうなのか。加害者もまた反復する悪夢に囚われていた。

1926年に三重県で起きた「木本事件」は、その典型的な例と言えるだろう。1月3日、木本町（現・熊野市）のトンネル工事現場で2人の朝鮮人が地元住民に殺された事件だ。この前日、映画館に入ろうとした1人の朝鮮人が酒に酔った日本人といさかいになり、日本刀で切りつけられて重症を負うという事件があった。

翌日、朝鮮人労務者が復讐のため、「大挙してダイナマイトで木本町を灰燼にするとの流言飛語」が流れた。

警察の要請を受けた町長の招集で在郷軍人会、青年団が竹槍や鳶口、猟銃などで武装して飯場を襲撃し、李基允《イギユン》、裵相度《ペサンド》の2人が殺された。

『紀伊新報』1月6日付記事によれば、李基允は飯場の近くにいたところを「鳶口を頭に打ち込まれ」、町まで引きずられて絶命。裵相度は警察署に「私は死を決して鮮人をなだめる」と約束してトンネルに向かう途中、群衆に捕らえられ大格闘の末「嬲《なぶ》り殺された」。町内の極楽寺に横たえられた2人の死体は「二目と見られぬ惨状」で、竹槍などの凶器で突かれて「蜂の巣の如く」穴だらけであったうえ、3日間路上に放置されていたという。

さらに群衆は山狩りを行い、逃げた朝鮮人約60人を追跡。流言はまったくの事実無根だったが、朝鮮人労務者は全て町を追われ、日本人に逮捕者は出なかった。

東京大空襲と流言のリフレイン

「木本事件」は関東大震災から2年半後という、いまだ記憶の生々しい時期に起こった事件だった。しかし、やがて戦時下となり日本本土が空襲にさらされる中、震災下の流言蜚語がまたもリフレインする。

次の数字は空襲の激化に伴って発生した流言の種類別取締状況(『特高月報』1945年1月〜6月)である。

「内地人の朝鮮人に対する流言」	（大空襲の前）12	（大空襲の後）24	合計36（41％）
「朝鮮人の内地人に対する流言」	（大空襲の前）4	（大空襲の後）5	合計9（10％）
「朝鮮人間の流言蜚語」	（大空襲の前）13	（大空襲の後）29	合計42（48％）

（鄭永寿「敗戦／解放前後における日本人の「疑心暗鬼」と朝鮮人の恐怖」より抜粋）

この表では1945年3月の空襲をいわゆる「東京大空襲」としており、それを境に朝鮮人への警戒心（同様に日本人への恐怖心も）が高まっていったことが見て取れる。

こうした心理はどこから生まれたのか。

当時の司法報告書には、内地人は「空襲等の混乱時」にあって「朝鮮人が強窃盗あるいは婦女子に対し暴行等を加えるのではないかとの危惧の念」を抱いており、「かなり不安の空気を醸成し、果ては流言蜚語となり、それはまた疑心暗鬼を生む」傾向にある、との記述がある（「治安状況について」1944年1月14日、朴慶植編『在日朝鮮人関係資料集成〈戦後編〉第5巻』）。

報告者である警保局保安課長は、日本本土が度重なる空襲にさらされるという非常時の中で、日本人と朝鮮人双方ともに「関東大震災の際におけるが如き事態を想起」しており、「善良なる朝鮮人まで内地人のために危険視せられて迫害を加えられる」おそれがあるとしている。

ここでも日本人の「不逞鮮人襲来」の幻影が否定されていないこと自体、「関東大震災の際におけるが如き事態」そのものなのだが、戦時下において「善良か不逞か」の選別はむしろ強められ、拡大していった。それが「非国民」という「不逞日本人」を見つけ出すことにつながった。

敗戦ショックの中で

敗戦という極限状況の中でもまた、加虐者のトラウマは再来する。敗戦という現実は、植民地の支配民族という特権的地位から日本人を引きずり下ろしたばかりでなく、蔑視の対象である被支配民族が自由を回復するということは旧支配層にとって最も危険な事態であった。

私たち日本人は敗戦を悲しみ、茫然としていた。ところが、あちこちの朝鮮人が住んでいる家々からは、夜を徹して酒を飲み、歌いおどっている、にぎやかな声きこえてきた。「朝鮮人はなにをしているんや」ときいた私に、父は「朝鮮人は勝ったんや」と答えた。日本人にとっての

敗戦は、朝鮮人にとっては勝利であり、解放だったのである。

（小山仁示『大阪大空襲』、三輪泰史『占領下の大阪』より再引用）

また、ある女性は、駅で電車を待つ日本人を押しやって電車に乗り込む朝鮮人たちに遭遇し、こう回想する。

口々に朝鮮語でわめいては、どっと笑いくずれるその空気は、明らかに私達を話題にし、嘲笑しているのが感じられた。

（赤澤史朗「戦後思想と文化」『近代日本の軌跡6　占領と戦後改革』）

そして電車が走り出すと朝鮮人の一群は手を振りながら、「「独立、独立、万歳。」」と日本語で叫び、又どっと笑った」（同前）。こうした行動は旧支配層の嫌悪感を掻き立てた。

それは八・十五から間もない、あるけだるい夏の日の午後のことだった。（中略）彼ら一団の先頭には、不吉にも黒々と日の丸の上におたまじゃくしの影をおとした太極旗が、ほこらしげにひるがえっていた。そばにいた近所のおじさんは「ちきしょう！　朝鮮のやつらは、日本を半分占領するつもりなんだ。だから日の丸を半分黒くぬりやがったんだ」と歯ぎしりした。わたしの肩に手をかけていた母は、「まあ！　日の丸が半分も黒くぬられちゃって」ともう涙ぐんでいた。（中略）「戦争に負けたから、朝鮮人にまでバカにされるんだ」と苦々しくいった父のことばには、わたしの実感もあった。それはアメリカに負けたよりずっといやなこととしてわたしの心に残った。

（呉林俊「日本と占領と朝鮮人」より再引用）

この一文は詩人・呉林俊《オリムジュン》が『共同研究　日本占領』（思想の科学研究会編）に引用したある日本人の回想である（原典は『朝鮮研究　32号』所収）。

GHQ本部の前で太極旗を掲げ政治犯釈放を祝う「朝連」の人々（1945年10月15日。アメリカ公文書館）

呉林俊はこの「この痛恨をこめてその現場に己れの視線をまっすぐにためらうことなく回帰させた」日本人の「正直で誠実な告白」を貴重なものと見ていた。なぜなら、その後、日本が民主主義国家という衣服をあっさり身にまとってしまったあと、日本人は朝鮮人を、「独立した民族としてこれを見直すということをついにしないまま、歳月を積みかさねてゆく」からである。

それは残虐行為が再現されるのに恰好の「思想」であった。

新潟県警察部特別高等課「内鮮関係書類綴」（1945年8〜10月）は、「新潟県で朝鮮人が川に毒を流し鮎が大量死した」という流言の発生を記録している。

また同年10月28日、富山県知事は「朝鮮人が日本国内全域で暴動を起こしており、日本人女性を暴行、強姦しているという流言蜚語」の発生を内務長官に報告している。

「寄居事件」——戦後に再現された残虐行為

復員軍人による朝鮮人殺傷事件も多発する。中でも復員軍人を大量に抱え込んだテキヤ集団「桝屋《ますや》一家」が2人の朝鮮人（金昌根、金聖泰）を斬首し、1人に重傷を負わせた事件「寄居《よりい》事件」は凄惨である。

事件は1947年7月、埼玉県寄居警察署管内の花園村（現・深谷市）で起きた。警察の手ぬるい捜査に業を煮やし事件の独自調査を行ったため逮捕された在日本朝鮮人連盟（「朝連」）側の弁護に立ったのは弁護士・布施辰治だった。

布施の弁論によればこれは「地下に潜る軍閥に指導された暴力団による」重傷殺害事件で

あって、「日本敗戦の悲しさを以て、日本の敗戦を喜ぶ朝鮮人を憎んだナブリ殺し」であった。
それは旧兵士が桝屋一家を乗っ取ったというにとどまらない、日本社会全体に流れる「敗戦思想」――何もかもが戦争に負けたせいだ――という思想の逆流であるとしたのである（鄭栄桓「「解放」後在日朝鮮人史研究序説」）。

埼玉県寄居村（現・埼玉県大里郡寄居町）は関東大震災時に虐殺事件が起きた土地であった。震災の4日後、被害を恐れて警察署に保護されていた28歳の朝鮮人飴売り・具學永を、隣村の用土村から押し寄せた群衆が留置場内でめった刺しにし、警察署の玄関に引きずり出して止《とど》めを刺したのである（『かくされていた歴史　関東大震災と埼玉の朝鮮人虐殺事件』）。

一貫して人道主義の立場を貫き、多くの社会主義者や朝鮮人関連の事件の弁護に当たった弁護士・布施辰治

布施辰治は二つの事件には共通して「朝鮮人の一人や二人は殺してもいい」という「関東大震災の虐殺事件以来」の「民族的差別賤視の観念」があると見ていた（「寄居事件弁護論文」）。

在日の煩悶を描いた李良枝

李良枝「除籍謄本」

在日コリアン作家の李良枝《イヤンジ》は、1989年に作品『由熙《ユヒ》』で第100回芥川賞を受賞した。そのわずか3年後の1992年に急性心筋炎で急逝するのだが、10年あまりの執筆活動で、没後に出版の『石の聲』を含め4冊の単行本が遺されている。最初の単行本の表題作である作品『かずきめ』（1983年）にこんなくだりがある。

〈さっき地震があったね、いっちゃん〉
〈そういえば、少し揺れたな〉

（中略）

〈いっちゃん、また関東大震災のような大きな地震が起こったら、朝鮮人は虐殺されるかしら。一円五十銭、十円五十銭と言わされて竹槍で突つかれるかしら〉
（『かずきめ』）

前年に発表されたデビュー作『ナビ・タリョン』にも、よく似た主人公の心象が記されている。

脇腹にナイフが刺さっている。脇腹に手を触れてみた。ナイフはなかった。何の傷跡もなかった。

日本人に殺される――。そんな幻覚が始まったのはあの日からだった。
（『ナビ・タリョン』）

李良枝の作品に繰り返し現れる朝鮮人虐殺という災禍の想起は、未発表の習作『除籍謄本』では主要なテーマとなっている。

作品のあらましはこうだ。

主人公は母国に留学するため、父親の帰化で失った韓国籍の「除籍謄本」を取る。そして留学の前に故郷・全州を訪ねようと思い立つ。

初めてウリナラ（母国）にやってきた彼女は、強まる雨に李成桂《イソンゲ》（李氏朝鮮の開祖。初代国王）

の陵墓散策をあきらめ旅館に宿を求めた。
雨が上がり、気分転換に街を歩いて宿に戻ると、旅館の若い男と下働きの少年の話し声が聞こえた。

「イルボン（日本）、アガシ（注・若い女性）……」

その単語を耳にして私は足を止めた。ふっふっという隠微な笑いが時折り混じって私は立ちすくむ。私のことを話しているのだ。

（『除籍謄本』）

全州なまりのウリマル（母国語）は彼女にはうまく聞き取れない。単語の端々から脈絡を判断するしかなかった。

（いやアニキ、彼女は日本人ですよ、日本の女の顔だ）
（日本に帰化したのなら日本人だよな、帰化する奴は許せねえ、売国奴だ）

（中略）

（日本の女と一度やってみてえな）
（アニキ、どうです、今夜）

（同前）

「ウリマルで一円五十銭と言ってみろ」

疑心暗鬼に囚われた彼女は、旅館を変わろうかと逡巡する。ドアを叩く音がし、見ると右手にナイフを持った男が部屋の入口に立ちふさがっていた。彼女は自分が在日同胞であると必死に弁明する。しかし男は詰問する。

「（前略）おい、ウリマルで一円五十銭と言ってみろ」
「イルウォンオシプチョン……ですか」
「そらみろ、日本人の発音だ」（同前）

ここでは「韓国語をうまく話せない」在日韓国人が、「日本人と決めつけられ」いわれなき報復を受ける（すべては主人公の夢であるが）。実際の事件とは役割が反転し、韓国人が日本人と間違えられる。

だがこの作品の異様さは、それにとどまらない。作者・李良枝自身も主人公と同じような経緯で韓国籍を失っていることから、韓国と日本の狭間で宙吊りになった2人（作家と作中人物）を、民族間の歴史上の負債が呪いのように苛《さいな》んでいる。

朝鮮人が日本国民になる（戻る）ことは、被害者であることから解放されるが、しかし同時に虐待の事実を否定する行為ともなる――。関東大震災から半世紀以上を経て、なおも李良枝が繰り返し被虐体験を想起するのは、意識していようがいまいが、その煩悶こそが朝鮮人に刻みつけられたスティグマであるからだ。

李良枝（撮影＝嶋崎哲也太。提供＝李栄）

虐殺はなぜ起きたか　「殺す側の苦しみ」の欠如

5年ごとに戦争をした帝国・日本

残虐行為は被害者の心身を傷つけるが、同時に加害者の心にも傷を与える。残虐の度合いが激しいほど、加害者の心の傷は深まり、苦しみは長引くことになる。

近代国家・明治は、戊辰戦争と西南戦争という二つの内戦を経て成立し、その後、ほぼ5年ごとに日本は戦争や対外出兵などの軍事行動を行ってきた。

１８９４〜９５年　日清戦争
１９００年　義和団事件
１９０４〜０５年　日露戦争

1910年　日韓併合
1914～18年　第一次世界大戦
1918～22年　シベリア出兵
1927～28年　山東出兵
1931年　満洲事変
1937～45年　日中戦争（支那事変）
1941～45年　アジア太平洋戦争（大東亜戦争）
1945年　アジア太平洋戦争敗戦

日本は国内に抱えるさまざまな矛盾を、対外戦争によって解消してきた。アジア太平洋戦争でアメリカに全面敗北するまで、多くの戦争で有利な果実を獲得していたため、国民の多くが戦争に否定的な印象をもっていなかったことも事実だ。

「戦争神経症」とPTSD

だが華々しい戦果の陰には少なくない戦死者がいたし、傷病兵も数多く存在していた。兵器の近代化が進んだ日露戦争では約3万7000人もの傷病兵が生まれた。政府は1906（明治39）年に「廃兵院」を設置し、傷病兵を収容、国費での終生扶養を決めた。戦争の負の側面は社会から隔離され、国による傷病者保護のみが強調された。

２０２１年8月、ＮＨＫ『クローズアップ現代』「シリーズ終わらない戦争　封印された心の傷」が放映された。「戦争神経症」を取り上げた内容で、視聴された読者も多いのではないか。「戦争神経症」とは戦場での戦闘行為によるＰＴＳＤ（心的外傷後ストレス障害）の発症のことだ。番組ではアジア太平洋戦争での過酷な戦闘体験のほか、兵士生活での差別や暴力もまたＰＴＳＤ発症の原因とされていた。

アジア太平洋戦争の敗戦直後までに入退院した日本陸軍の兵士は約2万９２００人にのぼるが、そのうち約1万４５０人が精神疾患を発症したという。

患者の対応に当たったのは千葉県の国府台陸軍病院だった。同病院の入院患者８００２人のカルテ「病床日誌」を分析した清水寛・埼玉大学名誉教授を取材した『Buzz Feed News』の記事から元兵士たちの訴えを引用すると、

「12歳くらいの子どもを突き殺した。かわいそうだと思ったことがいまでも頭にこびりついている」

「部落民を殺したのが脳裏に残っていて、悪夢にうなされる」

「子どもを殺したが、自分にも同じような子どもがあった」
「付近の住人を殺した。夢の中で殺した領民が恨めしそうに見てくる」

清水氏は、これらは「まさにＰＴＳＤの症状だ」と語っている（簱田広太「戦後70年以上ＰＴＳＤで入院してきた日本兵たちを知っていますか」『Buzz Feed News』２０１６年12月８日）。

〝加害による罪責〟の欠落

清水氏によれば、「戦争神経症」には６つの類型があるという（以下、清水寛編著『日本帝国陸軍と精神障害兵士』より抜粋）。

「戦闘恐怖」（戦闘行動での恐怖・不安によるもの）
「戦闘消耗」（戦闘行動での疲労によるもの）
「軍隊不適応」（軍隊生活への不適応によるもの）
「私的制裁」（軍隊生活での私的制裁によるもの）
「自責感」（軍事行動に対する自責感によるもの）
「加害による罪責感」（加害行為に対する罪責感によるもの）

中国戦線、泥濘の中を進む日本陸軍の歩兵隊（『支那事変写真帖』東光社・1938年）

である。

ＰＴＳＤは、ベトナム戦争で発見された精神疾患だ。アメリカでは多くのベトナム帰還兵が戦場のフラッシュバックを体験し、薬物中毒、アルコール依存症となった。自殺願望を抱き、感情のコントロールを失い、無気力に襲われ仕事に就くことができなくなった。これらは「ベトナム後後遺症」と呼ばれ、重大な社会問題となったし、多くの小説や映画を生み出す題材ともなった。

こうして見ると、何もかもが関東大震災下の朝鮮人虐殺とは様相が異なる。例えば虐殺行為に対して、「加害による罪責」に関する証言が日本においてはほとんど見られない。この欠如はどうしてなのか。

「脱感作」と「集団免責」

『戦争における「人殺し」の心理学』という本がある。著者デーヴ・グロスマンは米国ウエスト・ポイント陸軍士官学校の心理学・軍事社会学教授であり、23年間奉職した軍人として中佐の階級まで昇った人物だ。本書は戦場における「殺す側の苦しみ」を分析した類のない研究書として、同士官学校の教科書にもなった。

グロスマンによれば、平均的な人間には本来、同じ人間を殺すことに強烈な抵抗感がある。そのためごく普通の人間を兵士に仕立てるには、様々な面からの「脱感作《だつかんさ》」が必要になるという。兵士に行われる過酷な訓練や絶対服従などの条件づけは、殺人への感受性を軽減し除去する「脱感作」を目的にしたプログラムなのである。

関東大震災下の状況は戦争ではなかった。しかし「不逞鮮人襲来」の噂は市街に野戦と類似した状況をつくりだしていた。自警団の指揮を執る在郷軍人会のメンバーは、軍隊生活を通じて過去に「脱感作」されており、その配下に組み入れられた市民は「指示」「命令」に従って殺害を行ったケースもあったはずだ。

そこには「集団免責」も作用した。正気の人間なら望まないこと（殺人）を戦場で実行する第一の動機は、「自己保存本能ではなく、戦友に対する強力な責任感」（同書）であるという。集団との同質性が高いほど、個人の行動を同調させる義務感が生じる。また集団での行動は匿名性を高め、残虐行為を容易にするという。

これらは、ふだん近所づきあいをしていた人間同士で結成した自警団にもそのまま当てはまろう。その仲間意識の強さが〈不逞鮮人〉への復讐心を増幅させたとも思われる。

〝劣った人種〟をこらしめる

ユダヤ人大量虐殺を行ったナチス・ドイツは、アーリア人を〝優越人種〟と規定し、〝劣等人種〟であるユダヤ人やロマらを根絶する必要性を唱えた。そうした人種差別イデオロギーが、ホロコーストという人類史上の悲劇をもたらした。

大日本帝国の場合はどうか。ナチスのようなホロコーストを実行することはなかったが、琉球・台湾・朝鮮という植民地民族の権利を制限し、実質的な〈二級市民〉として処遇した。また彼ら（日中戦争開戦後の中国人も含む）の文化が日本から見て〝劣った文明〟であるという認識を国民に植え付けた。

そうした社会的／文化的に距離のある相手に対して、人は「こらしめ」（「暴支膺懲」）をためらわない。

だが、この人種差別政策は両刃の剣でもあった。朝鮮ではそれが抵抗運動の激しさと独立運動の粘り強いエネルギーに結びついたし、日本が日中戦争で勝利できなかった理由もそこに見出すことができるだろう。

関東大震災下では、その抵抗の強さが〈不逞鮮人〉への敵愾心として追加された。そのイメージは政府によって増幅されていたのだが、軍・官・民ともに〈不逞鮮人〉の幻影が現実となる不安にとらえられた。震災の混乱下、彼らの脳裏には〈不逞鮮人〉という〝イドの怪物〟が出現し、人々は徹底的な殲滅をはかったのである。

関東大震災下の朝鮮人虐殺という未曾有の出来事は、こうした要因が複合的に織り込まれることで引き起こされたと言えるだろう。

残虐行為「合理化と受容」へのプロセス

「同じ人間に対して残虐行為を働いた者は、その行為を背負って生きていかねばならない。その精神的なトラウマこそ、残虐行為の最大の代償と言えるだろう」（『戦争における「人殺し」の心理学』）。

では、関東大震災下の虐殺において「加害者の罪責」は、どのような仕組みで記憶の奥の引き出しにしまい込まれ、鍵がかけられたのか。

グロスマンによれば、通常、戦闘中の殺人に対する反応には段階があるという。

基本的には、「a 殺人に対する不安」→「b 実際の殺人」→「c 高揚感」→「d 自責」→「e 合理化と受容」というプロセスを踏むことで殺人者はトラウマと和解するのだ。

この段階は一般に連続的だが、必ずしも万人共通ではないらしい。ある段階が「混ざり合ったり」「飛んだり」することも珍しいことではないという。つまり「d自責」の段階が飛ばされて、いきなり「e合理化と受容」に進むこともあるのだろう。

アメリカのベトナム帰還兵がPTSDに苦しんだのは、その「合理化」に失敗したからだった。彼らは精神的に疲弊した状態で戦場から帰国したものの、社会はベトナム戦争を正義の戦争とみなしていなかった。帰還兵は周囲の冷たい視線を浴び、時には非難される存在だった。そのことが彼らの心理状態を破局に導いたのだと、グロスマンは指摘する。

「天下晴れての人殺し」

この反応段階のプロセスを関東大震災にあてはめてみる時、朝鮮人虐殺の特異性が見えてくる。

さまざまな研究書に引用されている、衝撃的な自警団員の言葉をここでも引こう。

「旦那、朝鮮人はどうですぃ。俺ァ今日までに六人やりました」
「そいつは凄いな」
「何てっても身が護れねえ、天下晴れての人殺しだから、豪気なものでサァ」（『横浜市震災誌』）

自警団の使用した武器（牛込神楽坂警察署ニテ領置セル自警団員ノ戎兇器『大正大震火災誌』警視庁）

町内という小さなコミュニティで結成された自警団のチームワークによる行動は、個々の構成員の殺人への不安（a）を軽減し、殺傷する（b）ことに「天下晴れての人殺し」というほどの高揚感（c）を与えた。そして証言に「身が護れねえ」とあるように、あらかじめ「正当防衛である」という合理化（e）もされていたのである。

そして本来ならば流言蜚語の内容が「デマ」と認定されて以降、「d 自責」の段階に入るはずだった。しかし、その機会は訪れなかった。地域コミュニティのメンバー全員が共犯者であり、軍部、警察、報道機関を含め社会全体のあらゆる階層が何らかのかたちで共犯関係にあったためだ。

前述のように、震災後1ヶ月ほどすると自警団の摘発が始まる。しかし検挙数は少なく、量刑・判決ともに軽く、ほとんどの場合執行猶予が付いた。反対に、朝鮮人と間違って日本人を虐殺した裁判では有罪率が高くなり、実刑判決も多く出されている（山田昭次『関東大震災時の朝鮮人虐殺』）。

政府は1923年9月11日、「情状酌量すべき点」が少なくないため、「騒擾に加わりたる全員を検挙することなく」、検挙する範囲を「顕著なるもののみに限定」する方針を打ち出していた。加害者は一定の範囲で線引きされ、大多数は罪に問われなかったのである。

こうして虐殺の責任追及もまた曖昧なかたちで幕が引かれた。「自責」から「受容」に至るプロセスは閉ざされ、未来に禍根を残すことになった。

虐殺を語るのはタブー

震災から1年後の1924年9月13日、朝鮮人同胞の魂を弔うための「追悼会」が東京・戸塚で開かれた。

追悼会には300人以上の在京朝鮮人が集まり、演壇横には真っ黒に焼かれた竹槍、「被虐殺同胞追悼会」と記した白い布が掲げられていた。

会場には戸塚分署から巡査約60名が派遣され、ものものしく周囲を固めていた。

追悼文の朗読が始まると、会場から嗚咽が聞こえ、ある朗読をきっかけに号泣が会場のあちこちで起こった。熱気のたぎる雰囲気の中、事件の真相報告の講演に警官から「中止」の声が掛かり押し問答が起こった。続いて女子学生が「所感」を述べるがこれも中止。ついに解散が命じられると、憤慨した聴衆が絶叫し、壇上に泥靴のまま上がった警官とにらみ合った（『朝

追悼會遂に解散を命ぜらる

物々しい警戒裡に開會した

在京朝鮮人の會合

眞黑に

解散を

號泣し

死體の收容

卅三名

長崎縣下の

難船後報

「被虐殺同胞追悼会」解散事件を報じた『朝日新聞』1924年9月14日付の記事

日新聞』1924年9月14日）。

この時、女子学生が「私どもは何らかの手段で復讐せねばならぬ」と述べ、続く演者は演説で「虐殺の不法を責め「同胞の霊に答えるようなことをやろう」」と発言していた。

警察はそうした発言を不穏当と判断し解散命令を出したのだった。

たとえ朝鮮人自身が同胞の死を追悼する会合であっても、虐殺の真実を語ることは禁止され、批判することは許されなかった。

この新聞記事は検閲によって「被○○同胞追悼会」と「虐殺」の2文字が伏せ字にされていた。朝鮮人虐殺は、公に語ることのできないタブーとなっていく。

そして今も流布されるデマ

虐殺作戦に従事した軍人の証言

虐殺に加担した加害者の証言は数少ないが、まったく存在しないわけではない。ここでは当時、千葉県習志野騎兵連隊に所属していた兵士・越中谷利一《えっちゅうやりいち》の著作を挙げてみよう。

越中谷がいた騎兵連隊が出動したのは9月2日正午少し前だった。とにかく恐ろしく急で、人馬の軍装を整えて舎前に整列するまでに、所要時間がわずか30分ほどしか与えられなかった。2日分の人馬の糧食と予備の蹄鉄、実弾60発を携行し、越中谷は「宛《さなが》ら戦争気分!」であったという。

午後2時頃亀戸に到着すると連隊はただちに「列車改め」を行い、1人の朝鮮人を引きずり下ろすと、サーベルや銃剣でめった刺しにした。日本人避難民の中からは嵐のような「万歳歓喜の声」が上がった。越中谷の所属する連隊はこれを皮切りに、

其日の夕方から夜に這入《はい》るに随《したがい》ていよいよ素晴らしいことを行《や》りだしたのである。

（「戒厳令と兵卒」）

戦後になってこの文章をもとに書いた「関東大震災の思い出」（『日本と朝鮮』1963年9月1日号）で、越中谷は「素晴らしいこと」を「本格的な朝鮮人狩り」と書き直している。

こののち除隊した越中谷は、自らの加害体験を小説にして発表する。

ああどうしたならば殺すことが出来たのか？——自分の前によろよろと両手を合わして跪いた彼等、国を××（注・伏せ字）**れ、国を追われ、××と侮辱と虐遇の鉄鞭に絶えず生存を拒否されつつ流浪して、今喰うに食なく、宿るに家なき——彼等を、どうして此の×××××××突くことが出来たか。**

（『一兵卒の震災手記』）

検閲を受け伏せ字だらけのこの作品は、加虐の記憶に苦しむ越中谷の悔恨と読むことができ

る。この作品は1927（昭和2）年9月、日本無産派文芸連盟の機関誌『解放』に発表されたが、発表時はもっと伏せ字が多かった。

「不逞日本人のせい」と喝破した司令官

流言蜚語のでたらめさを見抜いていた軍人もいる。神奈川警備隊司令官だった奥平俊蔵陸軍中将（当時少将）である。

9月4日に着任し、横浜周辺の救援と治安回復にあたった奥平は、市中にしきりに流される流言を調査し、その信憑性に疑いを示している。

「横浜の鮮人に関する調査報告」
九月一日夜、北方町に在住の鮮人15、6名の中《うち》、4名は倒壊家屋の物資を窃取の目的にて、侵入せしを、市民の発見するところとなり、警官及び在郷軍人などと協力これを逮捕し、殺害せりとの風評あるをもって、取り調べたところ、鮮人の行動を確実に認めたるものなく、確証なし。
（山本すみ子「横浜における関東大震災時朝鮮人虐殺」より再引用）

翌1924年、中将に昇進し予備役に退いた奥平は後年自叙伝を著し、当時の体験を語っている。

四日　午前六時膠州（注・船名）は港内に進入し軍隊は艀舟《はしけ》にて谷戸橋附近に上陸す。（中略）此の時市民数人一朝鮮人を縛し海軍陸戦隊に連来るを見て法務官をして取調べしむ。後に聞けば法務官も一応取調べたるも別に不審とすべき処なきを以て一応海軍に預け置きたるに、市民は更に之《これ》を海軍より引取り、谷戸橋下の海中に投じ数回引上げては又沈め、遂に殺害せりと謂う。

（栗原宏編『不器用な自画像　陸軍中将奥平俊蔵自叙伝』）

横浜でこうした数々の惨劇を目の当たりにした奥平は、「不逞日本人」の犯罪を糾弾する。

騒擾《そうじょう》の原因は不逞日本人にあるは勿論にして、彼等は自ら悪事を為し、之を朝鮮人に転嫁し事《こと》毎《ごと》に朝鮮人だと謂う。（中略）横浜に於ても朝鮮人が強盗強姦を為し、井戸に毒を投込《なげこ》み、放火其他各種の悪事を為せしを耳にせるを以て、其《その》筋の命もあり、旁々《かたがた》之を徹底的に調査せしに悉《ことごと》く事実無根に帰着せり。（中略）重大なる恐慌の原因と成りしものは不逞日本人の所為であると認めるのである。

（同前）

さらに具体的な犯罪の手口を語る。治安回復を担う責任者として忸怩《じくじ》たる思いがあったはずだ。

> 彼等不逞日本人等は学校備附《そなえつけ》の銃器全部を空包と共に掠奪し避難民の集団に対し之《これ》を保護すると称し、昼間は神妙なるも夜間に至れば仲間と諜合し空包を以て打ち合い、喊声《かんせい》を挙げ、朝鮮人襲来す、遁《に》げよ遁げよと呼ばわり、附近焼け残りの家屋にある人々は之に驚き家を空《から》にして逃げ去れば、空家に入りて掠奪し且《か》つ避難民の集団よりも保護料を受領せりと謂う。（同前）

横浜で流言蜚語が最も早く流れた。同市南区・寶生寺には1971年「関東大震災韓国人慰霊碑」が建てられた（筆者撮影）

朝鮮人襲来のデマを隠れ蓑に、暴行や犯罪を働いたのは、ほかならぬ日本人自身であったというのだ。

裁かれなかった殺人

抑圧した虐殺の記憶は、社会が極限状況に陥るたび繰り返し呼び起こされ、それがまた新たな悲劇につながった。空襲、原爆投下、敗戦後の混乱など、さまざまな場面で流言蜚語はリフレインした。

そして中国戦線での南京虐殺や無差別殺戮といった日本軍の残虐行為が発生した要因にも「裁かれなかった殺人」のフラッシュバックがあったと思われる。虐殺は正しかった——と信じ続けるために、何度も〝正しい殺人〟を反復しなければならなかったのではないか。

問題は過去のことではない。

2016年4月14日に発生した熊本地震では、「動物園からライオンが逃げ出した」「川内原発で火災が起きた」などさまざまなデマがSNSに流された。その中に「朝鮮人が井戸に毒を入れた」という発信があった。

2021年2月13日、福島県沖で最大震度6強の地震が起きた時も、同様の「井戸に毒」という流言蜚語ツイートが数多く流された。『朝日新聞デジタル』の記事によれば、4月下旬までの「井戸に毒」を含む投稿は、批判の趣旨でリツイートされたものも含め6万6000件にのぼったという。それ以外にも投稿後に削除されたものがあった（『朝日新聞デジタル』2021年5月3日）。

記事では投稿者の2人の男性にインタビューを行っている。34歳・下水道工事現場作業員の男性は投稿の目的をこう語っている。

「「井戸に毒」のパロディーで、何かネタにしてやろうと思ったんです」

もう一人は京都大学出の20代・システムエンジニアの男性。彼は記者に関東大震災後のデマと虐殺を知っているかと問われ、

「当時の日本人は愚かだった」「今この言葉を使うことと、虐殺の歴史は別の話。情報の真偽を判断する責任は受け手にある」

と答えている（同記事）。投稿者はどちらも「ただのネタに目くじらを立てるな」と言いたげである。

また本書の元となるウェブ連載の開始早々にも、SNSに「デマを書くな」という反応がいくつも上がった。そこにはこう書かれていた。

「最近地震があるたびに朝鮮人がしていることを見れば、真実なのは明らかだ」

この人物は、SNS上のデマを完全に真実と信じているのだ。

100年前に隠蔽した記憶が、いま新たな流言蜚語を生み出している。残虐行為のリフレインがいつ起きても不思議のない状況がそのまま温存されているのだ。それを回避する方法は、抑圧した記憶を呼び起こし、事実と向き合うことしかない。そうして初めて他者の痛みを知ることができ、自らの真の痛みを感じることができるようになる。その痛みを取り戻さないかぎり、この社会が過去の傷から回復することはないだろう。

最後に現代韓国文学の重要な作品から言葉を引き、本稿を締めくくりたい。

今、自分が経験しているどんなことからも、私を回復させないでほしい。

（ハン・ガン『回復する人間』斎藤真理子訳）

第2部

朴裕宏　ある朝鮮人留学生の死

青山霊園の「堕涙碑」

5月のある晴れた土曜日午前8時の青山通り。休日の朝は人もまばらで、喧騒とはほど遠い閑《しず》かさ。赤坂消防署入口交差点を南に曲がり、狭まった道をものの5、6分も歩けば、右手に「東京都青山霊園管理事務所」が見える。5月の陽光は柔らかで、桜並木の木漏れ日の下をジョギングで走り抜ける人たちがいた。この道をずっと南に行けば西麻布に出るし、途中で東に曲がれば乃木坂に出る。青山霊園は東京都港区の一等地を占拠する広大な墓地であり、著名な観光スポットでもある。

8時半になるのを待って管理事務所で霊園の地図をもらった。「歴史的墓所ガイド」と書かれた地図をのぞき込むが、目当ての名前はない。管理事務所前の裏側に「外人墓地通り」という標識があるのを見つけ、そちらへ向かった。

墓所の間道に過ぎない〝通り〟を進むと外人墓地の区画に突き当たった。他の区画とは明らかに墓標の形が違う。ここには210基の墓があり、そのほとんどが1880年代から

1910年代に建てられた明治政府の御雇外国人、宣教師、外交官ら西洋人のものであるという。目当ての墓の区画番号を事前に調べてきたのだが、案内板も何もないので、どれがどれだかわからない。区画の中央から四方にぐるりと目をやると、かなり大きな東洋風の碑《いしぶみ》があった。いかにも周囲に不似合いな感じである。碑文にはこうあった。

嗚呼抱非常之才　遇非常之時　無非常之功　有非常之死……

（ああ、非常の才を抱き、非常の時に遭い、非常の功無く、非常の死あり……）

青山霊園外国人墓地に建つ金玉均の墓碑（筆者撮影）

金玉均《キムオッキュン》の墓碑だ。碑文は朴泳孝《パクヨンヒョ》が書いている。2人は朝鮮開化派の同志であり、その中心人物だった。しおれた花が供えられている。死後120年以上経つ今でもこの碑を訪れる人がいるようだ。朝鮮と日本のあいだで運命を引き裂かれ、罪人として国を追われ、非業の最期を遂げた金玉均へのせめてもの手向けであろうか。

金玉均墓碑の左裏手、雑草の生い茂るあたり

朴裕宏の墓。背面には「堕涙碑」と刻まれている（筆者撮影）

に踏み込むと、目当ての墓が見つかった。

方形の墓石正面に「嗚呼朴裕宏君之墓」と刻まれている。供花の一輪もないが、脇にはヒメジョオンが束になって咲いていた。裏に回ると「堕涙碑」の文字が彫られていた。

もう一度金玉均墓碑の前に行き写真を撮った。青天に屹立する碑の左奥に、小さく寄り添うように朴裕宏《ぼくゆうこう》の墓が写った。年齢も違うし身分も違うこの2人は、青山霊園外国人墓地に眠るたった2人の東洋人である。

光真清『城下の人』の朴裕宏

そもそも朴裕宏の名は、石光真清著『城下の人』で知った。満洲・シベリアで諜報活動に従事した陸軍将校・石光真清が残した手記を、戦後、息子の石光真人が再編集して刊行したもので（四部作。『城下の人』はその第一部）、1958年に毎日出版文化賞を受けている。それが2017年に中公文庫から復刊された。明治維新150年を睨んでのことである。朴裕宏のことは『城下の人』の2ヶ所に出てくる。

また早く世を去って、今なお私の胸中に生きている同期生に朝鮮人朴裕宏君がある。朴泳孝等の親日派に属する家柄で、この派から派遣留学生として送られて来た秀才であった。（中略）生れつき才能もあり多感な少年であった彼は、母国の困難を知って胸中堪えられぬことが多かったに違いない。ただ一人、校庭の池の端に或は土手にたたずんで思いに耽ることが多かった。

（『城下の人』）

と、朝鮮人留学生の孤独な横顔を描いている。

2人が同期だった学校とは陸軍幼年学校で、慶應義塾での語学修学を終えた朴裕宏は、この年（明治16＝1883）軍事を学ぶため幼年学校に入った。同期生にはのちの「軍神」橘周太中佐もいた。橘は1904（明治37）年ロシア軍との遼陽会戦で戦死。同年に旅順港で戦死した廣瀬武夫海軍中佐と並ぶ陸軍最初の軍神である。真清は、幼年学校時代から橘に心酔し、生涯にわたって敬慕したという。

同期生たちは朴裕宏の心中を察して、こんな慰めの言葉をかけた。

「君は僕たちと同じように、学生として修養の時代だ、政変などに頭を悩ましてはいけない。日本だって、いつ君の国と同じ境遇になるか判らないさ」（同前）

欧州列強と、ロシアと清という二つの大国の脅威を受けている点で日本と朝鮮の境遇は同じだというのである。そして、

「海を一つ距《へだ》てているだけの違いではないか。卒業後に地位を得てから、決死の働きをすれば良いじゃないか」

こう言うと彼はうなずいて微笑するのであったが、胸中の苦悩は去らない様子であった。（同前）

1886（明治19）年、真清らは幼年学校を終え陸軍士官学校に進む。朴裕宏もそうした。翌1887（明治20）年3月、「モルレンドルフという独逸人《ドイツ》」が「不似合いな朝鮮服を着て」日本を訪れた。1988年、士官学校を訪れたメレンドルフ（モルレンドルフ）は、整列する全校生徒の前に朴裕宏を呼び出して、激励の言葉を与えた。その夜、朴裕宏は、寝台に伏して声をあげて泣いた。真清らにはその涙が不思議だった。なにゆえの悲しみであるか問いかけたが、朴裕宏は答えなかったという。

それから間もないある日、午前中の学科を終えた真清たちは食堂で昼食をとった。食堂に朴裕宏の姿はなかったが、それを怪しむ者はいなかった。そして各自の部屋に帰ったところ、

朴君は寝台の上で小銃を咽喉部に当てたまま自殺を遂げていた。（同前）

集まった同期生は呆然と立ちつくし、やがてすすり泣く声が聞こえた。1888年5月27日、21歳で朴裕宏は自らの生を中絶したのであった。

朴裕宏はなぜ自殺したのか。その理由を石光真清はこう書く。

独逸人が政府の高位に就いて使節として日本との外交折衝に当り、自分を呼び出して衆人環視の中で激励の言葉を与える……同期生に対しても、上官に対しても、朝鮮人として忍び得ない侮辱を感じたに違いないのである。

（同前）

言語学者だったメレンドルフは、1869年に清に渡り、中国語を習得。通訳からのちに天津副領事にまでなった人物である。1882年、清国の推薦で朝鮮の外国人顧問となり、外衙《がいか》門《もん》顧問（外務次官）と税関長を兼任した。その後、朝鮮をロシア保護下に入れることを画策したことにより、1885年清によって朝鮮政府顧問を罷免されている。

1988年当時、メレンドルフは朝鮮の元高官として揚々と来日したことになる。朴裕宏がメレンドルフに嫌悪感を抱いていたことは間違いなく、「忍び得ない侮辱」を感じたことも想像に難くない。だが、果たしてそれが自殺の契機であったかどうか。朴裕宏は遺書を残したというが、士官学校の教官が持ち去って処分したために、死の真実はわからない。絶望は死に至る病である、という。朴裕宏が抱いた絶望とは何だったのか。彼の中にあった思いは、私たち在日コリアンにとって、今もどこかに存在するものなのではないだろうか、という予感があった。朴裕宏を調べることは、在日の歴史の原点を知ることになるのではないだろうか、と。

朝鮮からの留学生第1号

1880（明治13）年7月31日に釜山を出発した朝鮮修信使・金弘集《キムホンジプ》一行は、8月11日東京に到着した。のちに朝鮮の総理大臣となる金弘集は、当時は38歳の文官だった。修信使とは、1811（文化8）年以来途絶していた「通信使」に代わる対日使節団の呼称である。朝鮮の官服を身にまとう一行を見た福澤諭吉は、こんな漢詩を詠じている。

「朝鮮使節渡来」
異客相逢君莫驚
今吾自笑故吾情
西遊記得廿年夢
帯剣横行龍動城

異客相逢フモ君驚クコトナカレ
今吾自ラ笑フ故吾ノ情
西遊記スヲ得タリ二十年ノ夢

剣ヲ帯ビテ横行ス龍動《ロンドン》城

福澤の脳裡にあったのは20年前に渡欧した自らの姿であったようだ。福澤は1862（文久2）年「文久遣欧使節」通訳方として約1年間かけてヨーロッパを訪問している。一行はイギリスにも滞在し、同年5月1日開催の第2回ロンドン万国博覧会の開会式に参列した。帰国後福澤は『西洋事情』を著し、蒸気機関、電信機などの新技術、産業革命による発展などを見聞した驚きを報告している。『西洋事情』は20万部を超える大ベストセラーになった。

この漢詩で福澤は東京をロンドンに、民族衣装の金弘集一行を「異客」として欧州を驚かせた20年前の日本使節になぞらえている。翌1881年、福澤2名の朝鮮人留学生を引き受け慶應義塾に入学させた。

本月初旬朝鮮人数名日本の事情視察の為渡来、其《その》中壮年二名本塾へ入社いたし、二名共先《ま》ず拙宅にさし置、やさしく誘導致し遣《つかわし》居《おり》候《そうそう》。

（6月17日書簡）

こうしたためた手紙をロンドン滞在中の門下生・小泉信吉と日原昌造宛に出している。続く文面には「誠に二十余年前自分の事を思へば同情相憐むの念なきを不得《えず》」「右を御縁として朝鮮人は貴賤となく毎度拙宅へ来訪、其咄《はなし》を聞けば、他なし、三十年前の日本なり」とある。当時の朝鮮では、教育は儒学にとどまり、外国語の研究も広まっておらず、西欧技術の導入も未だ果たされていなかった。福澤は「三十年前の日本」に対して憐憫の色を隠さない。「良く附合開らける様に致度事《いたしたきこと》に御座候《ござそうろう》」と手紙が結ばれていることからして、福澤には、朝鮮の文明開化を日本が指導していくべきだという考えがあったようだ。

慶應義塾への留学生2名は、25歳の兪《ユ》吉濬《ギルチュン》と26歳の柳《ユ》定秀《ジョンス》。ほかに17歳の尹《ユン》致昊《チホ》が、中村正直の私塾「同人社」に入塾している。彼ら3人は魚《オ》允中《ユンジュン》率いる「紳士遊覧団」の随員として1880年4月に来日、そのまま残留することとなった。朝鮮人留学生第1号である。実際には、これ以前にも留日学生が存在したというが公的な記録には残されていない。

朝鮮政府が日本に留学生を派遣した背景には、国内での「開化派」の台頭があった。開化派とは朝鮮の近代的改革を目指す政治勢力で、前述した金玉均、朴泳孝らはその中心人物であった。1876年、日本に開国を迫られ「日朝修好条規」を結んでから、朝鮮は急激に諸外国の利権争奪の場となっていった。以後、国論は鎖国攘夷思想の「衛正斥邪《えいせいせきじゃ》」派と、開国近代化思想の「開化」派のあいだで激しく揺れ続ける。

「日朝修好条規」は、幕末に欧米諸国が日本と調印した不平等条約をそのまま朝鮮にあてはめたもので、関税、港税を無税とし日本通貨の流通を認めるなど、朝鮮にとってきわめて不利な内容となっていた。金弘集の来日目的は、不平等条項撤廃を日本政府と交渉するためだった。金弘集は東京滞在中に駐日清国公使・何《か》如璋《じょしょう》と公使館で会談する。そこで彼は朝鮮の対外政策について強い示唆を与えられ、『朝鮮策略』という冊子を受け取る。そこには「中国と親しみ」「日本と結び」「アメリカと聯《つら》なって」、「ロシアの侵略を防ぐ」という内容が書かれていた。

9月8日に帰国した金弘集は国王・高宗《コジョン》に『朝鮮策略』を献呈し、政府は開国政策を進めることになった。そしてこれを機に、朝鮮からあまたの人士が渡日することになった。『朝鮮策略』にも留学生派遣の必要性を述べたくだりがある。斥邪派は強い反発を示したが、高宗は開化派とともに改革路線を進め、翌81年1月19日、政府機構を再編し「統理機務衙門」を新設する。これは外交・軍務・通商をつかさどる最高機関であり、その首班を総理大臣とした。金弘集は通商司に任命されている。

そうした情勢の下に魚允中ら62名の「紳士遊覧団」が派遣されたのだが、国内では隠密の「暗行御使《あんこうぎょし》」と呼ばれた。攘夷の風は強く、おおっぴらに日本へ留学生を派遣するなどとはとても言えなかったのである。当時34歳の魚允中は開化派の一員で、財政関係の視察を目的にした班の班長でもあった。滞日中には渋沢栄一と会い、福澤とも親しく交わっている。

当時、日本側にも朝鮮からの留学生を積極的に受け入れようとする気運があった。1877(明治10)年、花房義質《はなぶさよしもと》駐朝弁理公使は朝鮮政府高官の趙寧夏《チョヨンハ》にあてて「留学生派出催進ノ書簡」

を書き送り、朝鮮の富国強兵を進めるため速やかに少壮の子弟を日本に留学させるよう進言している。そこには対日感情を改善し朝鮮の国論を「親日」に向かわせようとする思惑があった。斥邪・開化の抗争は「親清」か「親日」かをめぐる争いではなかったが、日本と清国政府にとっては、まさしくそれ以外の何ものでもなかったのである。

さて3人の留学生だが、うち2人について「朝鮮の二秀才慶應義塾へ入学」という新聞記事が載った。

頃日渡航せる兪吉濬（二五）と柳定秀（二六）の二名は、非常の奮発にて一昨日三田の慶應義塾へ入塾せり、同人等は彼国の士族にて非役の少年生なるが、本国にても文才の聞えあるものなるが、日本人に接するは釜山を発し今日まで僅か三十余日の間に早くも日本語を聞き覚え、寒喧《かんけん》一通りの挨拶ぐらいは出来るという、同人等は先ず日本語を伝習し、翻訳書を読み得て後に洋書を講究する見込みにて、只管《ひたすら》修行に熱心してをる由、是まで同塾へ日本婦人に出来たる外国人の子は沢山に入塾せしが、純粋の外国人が入塾せしは此両名が嚆矢なり。

（『郵便報知』1881年6月10日）

慶應義塾と朝鮮人留学生

朴裕宏が慶應義塾に入塾したのは1882（明治15）年12月、15歳の時だった。明治期の慶應義塾への留学生については多くの研究があり、「入社帳」という名簿が残っている。また、在籍する塾生全員の名前を成績順に掲載した「学業勤惰《きんだ》表」もある。これらに朴裕宏の名があれば、彼の身元や学習状況などの情報が得られるかもしれない。

「入社帳」には1863（文久3）年から1901（明治34）年11月までに入塾した1万5401人の名が記載されている。その中で朝鮮からの留学生は203名。うち2人は朝鮮在住の日本人で、3人ほど重複した名前もあるというから、実数は198人ということになる。また、「入社帳」に名前がないが「学業勤惰表」に記載がある者もおり、その中に朝鮮からの留学生と思われる姓名もあるらしい。調べると「入社帳」の1881、82（明治14、15）両年については朝鮮人留学生の記載はなかった。先述のように、1881年に兪吉濬と柳定秀の2名が入塾している。また1983（明治16）年には60名もの留学生が派遣されているのだが、その年の「入社帳」に記載があるのは「金漢琦」という青年1人だけだった。

さらに続きを見ると1884（明治17）年には2名。以後10年間は1人もなく、1894（明治27）年に194人の名が連なる。1895（明治28）年にも114人の名が見られる。この10

年間の空白とその後の大量派遣には、１８８４年に開化派が起こしたクーデター（甲申政変）が関係しているので、後述する。いずれにせよ朴裕宏については、残念ながら何も記載がなかった。

慶應義塾で留学生の世話をしたのは、福澤の門下生で縁戚にあたる飯田三治だった。息子の一太郎・捨次郎兄弟宛に出した手紙にもこうある。

朝鮮より生徒十七名、六月中に来り、（中略）昨今は非常の多人数なり。世話人は飯田三次（治）へ托し、文の教育より眠食の差図まで、随分煩はしき事共に御座候。（１９８３年７月19日）

日常生活のあれこれから日本語の勉強、次の進学先斡旋まで、福澤は留学生の世話に労を惜しまなかった。しかし朴裕宏について言及した部分は見られない。

朴裕宏。１８６７年生まれ、１８８２年修信使・朴泳孝の随員として来日。同年慶應義塾に入学。その後、「一八八三年一月、朝鮮人留学生朴裕宏、幼年生徒として入校。八八年五月、歩兵士官生徒朝鮮人朴裕宏自殺」（陸軍士官学校年表）。21歳の若さでの自死であった。今のところ、わかったのはこれだけである。

「朝鮮の変」（壬午軍乱）を描いた錦絵（「朝鮮反乱軍に襲撃される花房義質公使一行」楊洲周延 画）

「壬午軍乱」前後

朴裕宏が来日した1882年は、朝鮮で大きな動乱があった年だ。「壬午《じんご》軍乱」である。

発端は開国・開化政策を進める政権に不満を持つ旧軍軍人が起こした暴動だが、これに政治勢力が便乗することで大きな反乱に発展した。7月23日に勃発した暴動に漢城《ハンソン》（現・ソウル）市民も加わり朝鮮政府要人らを襲撃、新式軍隊（「別技軍」）の日本人教官・堀本礼造をはじめ8名の日本人が殺害され、日本公使館は焼き討ちにあった。暴動の背景には不平等条約「日朝修好条規」調印による経済の混乱があった。大量の米穀が日本へ流出したことにより米価が跳ね上がり、漢城市民は困窮にあえいでいたのだ。これに国王・高宗の実父である大院君が介入し、王妃・閔妃《ミンビ》の親族を中心とした閔氏政権を覆して攘夷政権を打ち立てた。

しかし日本の影響力排除を狙ったこのクーデターは、かえって清の軍事介入を招くこととなり、大院君は「（朝鮮）王を欺くのは（清国）皇帝を蔑《ないがし》ろにするに等しい」という理由で捕らえられ天津に押送される結末となった。

軍乱鎮圧後、高宗は朴泳孝を大使に立て、謝罪と賠償のための使節を日本へ派遣した。顧問には金玉均を任命し、随員14名とともに海を渡った。そこに合流したのが、朴泳孝の親族で当時15歳の朴裕宏だった。彼は使節帰国後も日本に残り、慶應義塾に入学したのである。

大使の朴泳孝は22歳、金玉均は10歳上の32歳。2人はともに開化派の主要人物であり、肝胆相照らす間柄だった。朴泳孝は、先の第25代朝鮮王・哲宗《チョルジョン》の娘婿で、妻を早くに亡くしているが、その身分は準王族と言ってよく、「王世子に次ぐ高地に在り」（『金玉均伝』）と記されている。

軍乱の勃発時、金玉均は滞在していた日本から帰国するところだった。開化派が排撃される情勢のなか漢城に戻れず、仁川《インチョン》で成り行きを見ることとなった。仁川には日本軍1000人が駐屯しており、港内にも数隻の軍艦が停泊していた。清と日本は一触即発の状態でにらみ合っていた。

大院君が清に拉致されたことを知った時、金玉均は憤慨し、「摂政国父（注・大院君）は頑固なれどもその政治は正大なり、国王（注・高宗）殿下は聡明なれども果断に乏し、死を以て国父を説くべし」（同前）と決意していたという。清からの独立を目指し急進的な政策を打ち出しながら、国王による一君万民の統治を近代国家として実現することを、金玉均らは目指していたのである。

金玉均と日本

高宗や閔氏政権ら開国派が日本に留学生を積極的に送り続けた理由は、西欧の先進知識、先進思想を手早く吸収するためだった。洋学を重視してこなかった朝鮮の知識人にとって、漢文で書かれた日本の書物は受け入れやすいものだった。また日本の旧対馬藩には朝鮮語を解する者も多く、彼らを通訳に雇うこともできた。

金玉均

金玉均が福澤諭吉と親しく交際し、一貫して日本からの支援を求め続けたのは、アジア主義の立場から朝鮮を文明化する必要性を説く論調が、日本に存在していたためだった。福澤諭吉はその代表的な論者の1人である。金玉均はそうした日本人とのつながりを頼りに、朝鮮の独立を構想していた。壬午軍乱はその計画を狂わせる出来事でもあった。

軍乱直後、日本政府の緊急閣議で、山形有朋は強硬な方針を主張した。朝鮮に、賠償請求にとどまらず領土の割譲まで求める内容だった。国内の世論もそれを後押しした。

新聞各紙はこの「朝鮮の変」を連日大きく取り上げ、対鮮開戦論を主張する者もあった。錦絵や読本が多数刊行され、異国の乱で日本人が殺されるという維新後初めての事態は、大衆の愛国感情を強く衝き動かした。

8月30日、朝鮮は首謀者の逮捕処罰、被害者への賠償金5万円、国家賠償金50万円の支払いと、日本軍の漢城駐留を認める「済物浦《チェムルポ》条約」を調印した。また同時に「日朝修好条規続約」を結び、居留地の拡大や市場のさらなる開放を追加、日本人の商業活動の自由が拡大された。一方で清との間には「朝清商民水陸貿易章程」が結ばれた。これにより朝鮮は完全な開国に向かうこととなった。そして清はパウル・ゲオルク・フォン・メレンドルフを朝鮮に派遣。メレンドルフは貿易顧問・税関長として権勢をふるうことになる。

壬午軍乱の結果、政権は開化派に戻ったものの、清との宗属関係はむしろ強化された。日本政府は以後、清との対立を強く意識するようになり、軍備拡大を進めてゆく。

市ヶ谷台の陸軍士官学校（1907年）

陸軍士官学校と陸軍戸山学校の留学生

1883（明治16）年1月、朴裕宏は陸軍士官学校幼年生徒隊に入学する。同期は50名で、陸軍士官学校に入学した留学生は朴裕宏が初めてだった。

陸軍士官学校は「市ヶ谷台」と呼ばれ、市ヶ谷台地の上にあった。もとは尾張藩上屋敷のあったところだが、明治以後は陸軍の主要施設が位置する場所になった。昭和になってからは陸軍省、参謀本部が置かれたし、現在は防衛省が赤坂からここに移転している。

壬午軍乱後、日本への留学生派遣は増え続けたが、その結果、朴裕宏は留学生として最も古参ながら、年齢は最も若いという奇妙な立場になった。

同年5月12日に17名の朝鮮人留学生が軍艦「比叡」に乗船して来日したが、その中で最も若いのは17歳の尹泳観と李秉虎。最年長の24歳が5人もいるから、15歳で留学した朴裕宏は例外的な若さだった。翌年には留学生の総数は約60名にのぼった。彼らについての記録は見当たらないが、朴裕宏は留学生たちにとり、「先に日本に来ている弟」のような存在だったろう。

福澤諭吉は、1882（明治15）年3月1日に新聞を創刊している。慶應義塾出版局発行の『時事新報』である。以後、福澤の主張の多くはこの新聞の社説として世に出された。また、『時事新報』には朝鮮、朝鮮人留学生についての記事がどの新聞よりも頻繁に掲載される。これも福澤の意向であったのだろう。

1883年9月10日号を見ると、朝鮮人留学生十数人のうち、1人は「士官の学業」、他は皆「下士の学術を伝習したき趣」を井上馨《かおる》外務卿に願い出たとする記事が載っている。これは留学生が陸軍戸山学校への進学を希望したことを伝えるものだ。入学を許可されたのは14人で、そのうちの1人、徐載弼《ソジェピル》が士官訓練を受けた。徐載弼はのちに独立運動の重要人物となるが、この時はまだ21歳の青年である。

日本へ多数の留学生を送り込んだ開化派政府であったが、清の影響力が強まる中、開化派は分裂する。自主独立を目指し日本との関係を重視する金玉均・朴泳孝・洪英植《ホンヨンシク》らの急進派（「独立党」）と、清との関係を保ちながら改革を進めることを主張する金弘集・魚允中・金允植らの穏健派（「事大党」）の対立である。王妃の親族・閔氏門閥政権との距離も大きな問題であった。開化政策の推進が政府の一致するところではあったが、問題はその程度と速度だったのである。

壬午軍乱後、独立党員は「別入侍」（国王の相談役）に任命され、王宮への出入りを許されるようになった。高宗と年の近かった金玉均や、王族の朴泳孝は恰好の話し相手として重用された。

日本から帰国した朴泳孝は、1883年2月、漢城府尹（知事）となり、首都の近代化、新式軍隊の創設を構想した。金玉均は朴泳孝の帰国後も日本に滞在し、福澤諭吉と井上馨外務卿の斡旋で横浜正金銀行から17万円の借款を得た。そのうち5万円を壬午軍乱の賠償金の一部に充て、残りを武器の購入費、留学生の学費とした。

しかし、こうした独立党の活躍が「事大党」閔氏政権にとって好ましいはずがなかった。報復人事はすぐに始まる。就任から2ヶ月で朴泳孝は左遷され広州（京畿道）留守に下る。実兄の朴泳教も同年10月、暗行御使（地方官吏監察官）を罷免された。

6月、金玉均は3度目の来日をし、今度は300万円の借款を申し込み、失敗している。その陰には閔氏一派の横やりやメレンドルフの裏工作があったというが、それ以上に日本政府の手のひらを返した対応に、金玉均は著書で憤懣をぶちまけている（『甲申日録』）。大任を果たせずに帰国した彼の政治的地位は大きく後退した。

留学生の帰国

翌1884（明治17）年5月31日、陸軍戸山学校の留学生14人はそろって卒業となり、7月1日には東京を離れて帰国の途に就いた。彼らの帰国をうけ士官学校設立計画が持ち上がるが、駐朝清軍の責任者である袁世凱《えんせいがい》の反対で頓挫する。日本で新式の兵学を学んだ留学生らは仕官の道もなく、官職から離れて謹慎していた金玉均の食客のような存在となり機を窺うこととなった。

彼らはどのような若者だったのか。『時事新報』の記事からその横顔を覗いてみよう。

「徐載弼は朝鮮学生の取締を為し学生中にて学行共に勝れたり」

「白楽雲は本年二十三歳にして日本に来らざる前より堀本中尉の訓練を受け幾分か日本兵式を学び居《お》り。戸山学校に入りし後は最も操練に上達し文才は薄けれども其《その》勇壮果敢の気は常に学生中に秀でたりと」

「李建英は年二十二。是れも堀本中尉の訓練を受け一昨年朝鮮事変（注・壬午軍乱）の際頑固党の為めにその背を衝かれ創痕今尚背に印せり。此人《このひと》は文才あれども其性質は執拗の風ありし」

「朴応学は二十九歳にして朝鮮にて有名なる武官の子なれども頗《すこぶ》る文才に富みたり」

「尹泳観は金玉均の妹夫にして年僅《わずか》に十八なれども才智に富み勇気あり。最も射的に長じたり」

「林殷明は二十八歳、申重模は十九歳にして重模は体格偉大なる腕力家なり。又李秉虎は十七にして最も武事を好み遊戯も往々戦闘の状を為せりと」

（「独立党の壮士」『時事新報』1884年12月17日）

白楽雲と李建英は、壬午軍乱で暴徒の投石により落命した堀本礼造中尉が指導する新式軍隊の一員だったし、他の留学生も多くは軍人として有望な人材だと紹介されている。彼らは帰国後、朝鮮近代軍隊の指導者として活躍することを期待されていたのだが、今やその道は潰えてしまった。

金玉均は同年七月、日本から帰国する際に後藤象次郎宛の書簡を残している。その中で「旧慣の打破」と「掃除破壊」の必要性を主張するとともに、武力クーデターの際には朝鮮人留学生だけでなく「日本人を雇用せざるを得ない」と書き、支援を要請している。手紙には証人として福澤諭吉の名が最後に記されている。福澤は後藤と計らって朝鮮に自由党壮士の派遣を目論んだとされるが、計画は実現しなかった。

金玉均は、穏健な改革を見限り、武力を後ろだてにした体制の転覆を決意していた。こうして朝鮮で新式軍隊の担い手になるはずだった留学生の運命は、大きく変転することになった。

「甲申政変」のつまずき

1884年12月4日、金玉均、朴泳孝、洪英植ら独立党がクーデターを決行する。「甲申政変」である。政変のあらましを『梅泉野録』からたどろう。『梅泉野録』は黄玹（号「梅泉」、1855〜1910年）が著した同時代の記録である。黄玹は全羅南道生まれ、官職につかず隠居して記録を書き綴った。1910年、日韓併合の報を聞くと阿片を仰ぎ自殺したという。

夜、朴泳孝、金玉均らが乱を起こして宮中を犯した。（中略）左賛成・閔台鎬、知事・趙寧夏、海防総管・閔泳穆、左営使・李祖淵、右営使・尹泰駿、前営使・韓圭稷を騙して呼び出し、皆殺しにした。（中略）朴泳孝らは急いで宮中に飛んで行った。宮廷の門の外のところどころに放火させた。（中略）息を弾ませて「清国人が乱を起こした。事態はとても急である。王はしばらく日本の公館に行き、変を観望されるよう要請する」と言った。（中略）王に「日兵来扈」（日本兵来て護衛せよ）の四文字を書くよう要請し、それを日本公館に伝えた。竹添（注・進一郎日本公使）が兵を率いてすぐに来て、宮廷の塀のまわりを包囲した。

（『梅泉野録』朴尚得訳）

郵征総局の落成式に政府要人を招き斬殺したのは、徐載弼ら留学生と日本人壮士の混成部隊だった。国王に日本軍の保護を求めさせることで清の影響力を一挙に排除しようとしたこのクーデターは一応の成功を見て、独立党は新政府を樹立する。このとき発せられた14箇条の政令の第1には、「大院君の帰国」と「清国への朝貢の廃止」が記されていた。

しかし6日午後、袁世凱率いる清軍が押し寄せると、人数で劣る日本軍は王宮からすぐさま撤退した。国王・高宗もまた王宮から逃げ出した。金玉均、朴泳孝、徐光範らは竹添進一郎公使とともに日本公使館に逃れ、仁川から軍船千歳丸で日本に亡命した。最後まで国王・高宗に付き添った洪英植、朴泳教（朴泳孝の兄）と7名の留学生は清軍に殺された。

独立党政府は3日ともたず崩壊した。クーデターの一翼を担った陸軍戸山学校の留学生14人のうち乱後を生き延びたのは徐載弼、李圭完、申応熙、鄭蘭教ら6人にすぎなかった。彼らは剃髪し日本服を身に着け、あてのない亡命者となって再び日本へ渡った。

暗転する運命

甲申政変失敗の理由は様々あるが、金玉均はそれを日本の裏切り、とくに竹添進一郎公使の態度の豹変が原因だと強調した（『甲申日録』）。朴泳孝もまた、「失敗の大いなる原因は、清仏間の戦端はじまらず、講和の機熟するによって、日本政府の朝鮮政策に、大いなる変動を来たすことにあったのである」(「吾等一生の失策」『古筠』創刊号、1935年)と、清仏戦争に乗じて乱を起こしたものの、日本政府の方針転換によって十分な支援が得られなかったことを最大の理由にあげる。

徐載弼も『古筠』2号・3号に回顧談を掲載しており、そこでは「一般民衆の声援薄弱であったこと」と「余りにも他に依頼せんとしたこと」が原因だと語っている。一般民衆でこの政変を支持する者は少なかったようだ。「都民(注・漢城市民)は、日本党(注・独立党)の反逆に怒った。かれらに逢うとたちまち殺した。大勢の者が飛んで行き、日本公館に火を放った」(『梅泉野録』)という。

政変後、独立党のメンバーは根絶やしにされた。生き残ったのは日本に逃げた9人だけで、42人が政変直後に処刑された。その多くが慶應義塾や陸軍戸山学校に学んだ留学生であった。

逆賊とされた彼らの家族・親族もまた投獄、処刑された。翌1885(明治18)年2月16日付『時事新報』は「京城発の郵報」として、2月2日に金玉均、徐載弼らの父母妻子が「南大門外にて絞罪に処せられ」たこと、28、29日に遺された独立党メンバーが死刑にされたことを伝えている。捕えられる前に毒を飲み自殺した者も多くいた。こうした近親者の粛清は閔氏の私的復讐の色が強く、朝鮮の前近代性を諸外国に認識させることとなった。

そんな不穏な情勢下、『時事新報』に一つの新聞広告が載った。

「在東京朝鮮生徒ノ扶助」と題された広告は、東京で修学する18名の留学生の名をあげ、「今回の変乱に際しては学費給与の道を断絶したるのみならず、家郷の消息さえ不通の有様なれば ば」、とても安心して勉学に励む精神状態ではなく、かといって早々帰国しようとすれば、「支那人の毒手に罹《かか》る」ことは明白だとした。また「此《この》まま東京に留まるに手段なく、また本国に帰るに道なく、進退維谷《これきわま》りたる窮鳥と申す可《べ》き有様なり」と、本国からの支援を打ち切られ、帰国すれば生命の危機にさらされる留学生たちの窮状を訴えた。そして、「願くは大方慈善の諸君子多少の捐金を以て一時の扶助を与え給わんこと」を懇請した。広告主は慶應義塾長の濱野定四郎、時事新報社長の中上川彦次郎ら5人で、福澤諭吉門下で留学生の世話係をした飯田三治の名もある。義捐金《ぎえんきん》の受取先は時事新報社と、慶應義塾系社交クラブ「交詢社」が指定されている。

この広告に予想外の反応があった。「朝鮮人金鶴羽」と名乗る人物が、その厚意には深謝するけれども、「朝鮮人はこの議に同与したる者なし」、「堅く日本好恤《こうじゅう》諸君に右件を謝絶す」という広告を打ち、支援の申し出を断ってしまったのである。この人物の正体は、金玉均ら亡命者か、あるいは留学生自身と推測される。留学生が独立党の一派と見なされ本国政府から迫害を受けることを危惧してのことだったようだ。結局、集まった義捐金は、甲申政変後、「日本に在《あ》りて流浪の身と相成り居候《おりそうろう》士人」に贈られることとなった。朴泳孝、金玉均らがこれを受け取り、間接的に留学生らの支援に回されたのだろうか。

留学生の抵抗

甲申政変が日本で報道されると、世論は清に対する強硬論で沸き上がった。福澤は、自分自身もふくめ日本側の関与を徹底的に隠した。1884（明治17）年12月23日には社説「朝鮮事変の処分法」を書き、「支那と朝鮮は致害者にして日本独《ひと》り其《その》被害者」と強調した。また「独立党」が一般に「日本党」と呼ばれることについてはただ偶然に過ぎないとし、「朝鮮国に日本党無し」という社説を書いて日本は無関係だと強調した。

パウル・ゲオルク・フォン・メレンドルフ（モルレンドルフ）

日本政府もまた基本的に「被害者」という立場から朝鮮政府との交渉に当たった。1885（明治18）年1月9日「漢城条約」調印となり、朝鮮側は謝罪と賠償金の支払い、日本人死傷者への補償、日本公使館の再建を約束し、謝罪使節を日本に派遣することとなった。今回の正使は徐相雨、副使はメレンドルフであった。『時事新報』はわずか数行の記事でこれを報じた。しかし、その内容は留学生にとって衝撃的なものだった。

朝鮮政府は此度外衙門協弁徐相雨を正使とし同穆仁徳（注・メレンドルフ）**を副使として日本に遣し修信するの後《の》ち、帰途に現今日本在留の一切の朝鮮人を引連れ帰り、且《かつ》留学生徒をも亦《また》呼び返す積りなりという。**

（『時事新報』1885年2月6日）

2月15日、東京にやって来た使節の一行は日本政府への謝罪を終えると、小石川砲兵工廠、上野博物館・動物園、各国公使館などを訪問。2月22日には大山巌陸軍卿の招待で鹿鳴館の舞踏会にも参加した。

徐相雨は留学生を同伴して帰国するつもりだった。それに対して留学生18人は連名で本国政府の処遇に関する意見書を徐相雨とメレンドルフに提出するなど抵抗の姿勢を見せた。

使節の帰国後、『時事新報』に朴裕宏が初めて登場する。「韓人朴有宏氏」（4月16日付。傍点筆者）である。

陸軍士官学校の留学生である朴有（裕）宏は「本国より学資金として一切支給」されていないのに、いかにして「費用を支弁し居るならん」と不審に思った徐相雨がその筋に問い合わせたところ、「或る将校」が「時々学資として二十円乃至三十円を贈与」したとの返答があったという内容である。記事の最後で、朴裕宏は「本国の開明に進む日に非《あらざ》る以上は死すとも決して帰国の途に就かず」と力強く語っている。「聞く者十六七才の青年とは思はざりし程」(同前)の毅然とした態度であった。

徐相雨ら一行は3月23日に帰国。同伴して帰国した留学生は2名に止《とど》まった。

「脱亜論」と「大阪事件」

こうして留学生の強制帰国の危機は一応回避された。しかし本国での粛清は続いており、朴泳孝の甥である朴裕宏の親族も例外ではなかった。彼の父・朴敦も投獄された。それだけに、徐相雨にとっては朴裕宏の連行は重要な目的だったはずだ。結局それを断念させたのは、朴裕宏がすでに日本陸軍の規律下に置かれていたためだったと思われる。

福澤諭吉は、『時事新報』2月26日付社説「朝鮮独立党の処刑」で、「心身柔弱なる婦人女子と白髪半死の老翁老婆を刑場に引出し、東西の分かちもなき小児の首に縄を掛けて之を絞め殺すとは果して如何なる心ぞや」と「事大党政府」の「残忍無情」を糾弾した。そして3月16日、社説「脱亜論」を発表する。

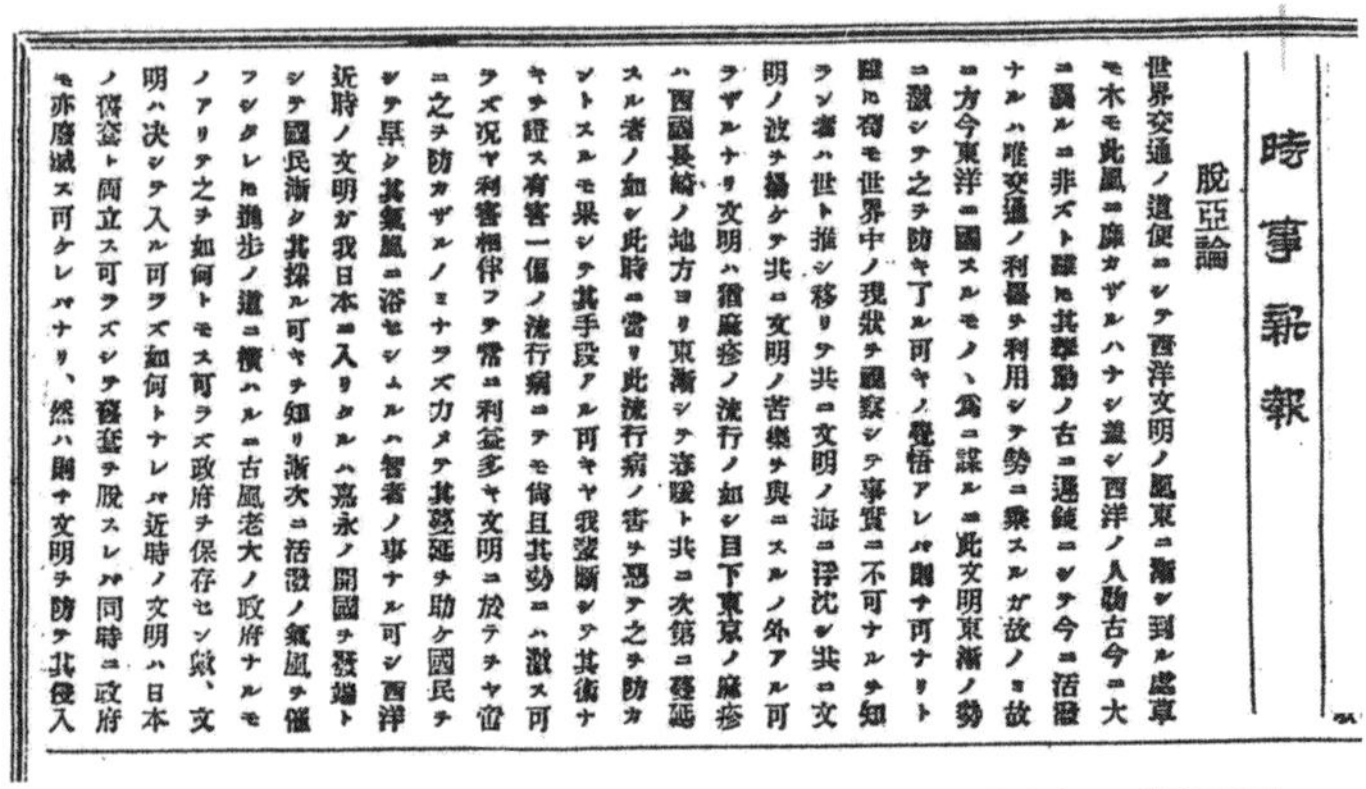
時事新報

脱亞論

世界交通ノ道便ニシテ西洋文明ノ風東ニ漸シ到ル處草
モ木モ此風ニ靡カザルハナシ蓋シ西洋ノ人物古今ニ大
ニ異ルニ非ズト雖ドモ其擧動ノ古ニ遲鈍ニシテ今ニ活潑
ナルハ唯交通ノ利器ヲ利用シテ勢ニ乘ズルガ故ノミ故
ニ方今東洋ニ國スルモノヽ爲ニ謀ルニ此文明東漸ノ勢
ニ激シテ之ヲ防ギ了ル可キノ覺悟アレバ則チ可ナリト
雖ドモ苟モ世界中ノ現狀ヲ觀察シテ事實ニ不可ナルヲ知
ラン者ハ世ト推シ移リテ共ニ文明ノ海ニ浮沈シ共ニ文
明ノ波ヲ揚ゲテ共ニ文明ノ苦樂ヲ與ニスルノ外アル可
ラザルナリ文明ハ猶麻疹ノ流行ノ如シ目下東京ノ麻疹
ハ西國長崎ノ地方ヨリ東漸シテ春暖ト共ニ次第ニ蔓延
スル者ノ如シ此時ニ當リ此流行病ノ害ヲ惡テ之ヲ防ガ
ントスルモ果シテ其手段アル可キヤ我輩斷ジテ其術ナ
キヲ證ス有害一偏ノ流行病ニテモ尚且其勢ニハ激ス可
ラズ況ヤ利害相伴フテ常ニ利益多キ文明ニ於テヲヤ啻
ニ之ヲ防ガザルノミナラズ力メテ其蔓延ヲ助ケ國民ヲ
シテ早ク其氣風ニ浴セシムルハ智者ノ事ナル可シ西洋
近時ノ文明ガ我日本ニ入リタルハ嘉永ノ開國ヲ發端ト
シテ國民漸ク其採ル可キヲ知リ漸次ニ活潑ノ氣風ヲ催
フシタレドモ進歩ノ道ニ橫ハルニ古風老大ノ政府ナルモ
ノアリテ之ヲ如何トモス可ラズ政府ヲ保存セン歟、文
明ハ決シテ入ル可ラズ如何トナレバ近時ノ文明ハ日本
ノ舊套ト兩立ス可ラズシテ舊套ヲ脫スレバ同時ニ政府
モ亦廢滅ス可ケレバナリ、然ハ則チ文明ヲ防テ其侵入

1885（明治18）年3月16日付『時事新報』に発表された福澤諭吉の「脱亜論」

我国は隣国の開明を待て共に亜細亜を興すの猶予ある可《べか》らず（中略）其《その》支那朝鮮に接するの法も隣国なるが故にとて特別の会釈に及ばず、正に西洋人が之に接するの風に従て処分す可《べ》きのみ。悪友を親しむ者は共に悪名を免かる可《べか》らず。我れは心に於て亜細亜東方の悪友を謝絶するものなり。

（「脱亜論」）

このよく知られた「脱亜論」末尾の一節は、いわば福澤の〝敗北宣言〟だった。朝鮮人との初めての出会い以来抱き続けた「朝鮮改造」への思いを、福澤は中途で放棄してしまったのである。

1885年4月、日本と清の間で「天津条約」が結ばれた。これは日清両国が朝鮮からの撤兵することを定めたもので、朝鮮に対する互いの抜け駆けを禁じるものだった。

同年8月、清は大院君を朝鮮に帰国させる。閔氏政権にとっては、およそ信じがたい事態である。新たに駐箚朝鮮総理交渉通商事宜として漢城に着任した袁世凱は、朝鮮の内政に堂々と干渉しはじめる。

甲申政変後、高宗はロシアへの接近を始める。メレンドルフの構想だった。しかし、この計画は失敗し(「第一次露朝密約事件」)、メレンドルフは清によって顧問職を罷免される。

同年4月にはロシアとアフガニスタンをめぐって衝突していたイギリスが、朝鮮南部の島・巨文島を占領する「「巨文島事件」)。ウラジオストク攻略の拠点とするためだったが、この事件を契機に、イギリスによる朝鮮保護論が浮上する。イギリスの力でロシアの南進を食い止めようという論であった。

日本政府の静観策とは裏腹に、朝鮮をめぐる列国の動きはめまぐるしくなった。日本国内の朝鮮問題への関心も過熱していく。大井憲太郎が起こした「大阪事件」は、そうした日本側の〝朝鮮熱〟を反映した事件だった。

「大阪事件」は独立党のクーデター失敗に憤慨した大井憲太郎ら自由党急進派の「志士」が武器弾薬を携えて大挙朝鮮に渡ろうとした事件で、資金調達のために強盗を働いたところを大阪警察署に検挙された。

事件の公判で大井は、朝鮮独立党は「わが自由党とその主義を同じうする」から、彼らに政権を与えることは「朝鮮人民にとって利益なるべし」と陳述した。さらに「日本人の脳髄は実に頑僻の極に凝り固まって」おり、社会に活動力を与えるためには「外患などをひき起こすことは良手段」であり、「真正の憂国心」が起こると語っている。大井は朝鮮の動乱を、日本国内の民心を改造するチャンスととらえていた。

朴裕宏の死をめぐって

福澤諭吉は、朝鮮を日本の手で文明化することにより、西欧列強の侵略の手が日本に伸びるのを防ごうとした。しかし甲申政変の失敗でそれを断念し（「脱亜論」）、社説「朝鮮人民のために其国の滅亡を賀す」（『時事新報』1885年8月13日）を発表するに至る。

朝鮮人は「事大党」の圧政に苦しむよりも列強の支配下に入った方が幸福であり、そのために国が亡ぶのはしかたがないと主張するこの社説は、その激烈な内容のため治安妨害の罪に問われ、『時事新報』は発行停止処分を受けた。

この間の留学生たちの動静もほとんど伝わらない。慶應義塾には以後、日清戦争終結後の1895（明治28）年まで、新たに留学生が入学することはなかった。

朴裕宏は翌1886（明治19）年、幼年生徒隊から陸軍士官学校に進む。石光真清が『城下の人』で彼のことを記したのは、この頃のことであった。石光は物思いに沈む同期生に、「政変などに頭を悩ましてはいけない」「卒業後に地位を得てから、決死の働きをすれば良い」と声をかけ慰めるのだが、同志や友人の処刑を知り、強制帰国の危機まで味わった朴裕宏にとって、石光の励ましはあまりに無邪気に響いたことだろう。

2年後の5月に自殺を遂げるまで、朴裕宏の動向を知るすべはない。彼の自殺の一報が『時事新報』に載るのは死の翌日の1888年5月28日月曜日。「朴裕宏氏の自殺」と題されたその記事は、自殺の理由をこう推測する。

一方に故国の音聞《おんもん》に接する毎に慈父の鉄窓に呻吟するを聞き煩悶措《お》く能わず、一日も早く其《その》苦《くる》しみを解かんには己れ自ら帰朝して其罪に代るに若《し》くことなしとは決心したれども、又今更に此深恩厚誼ある日本陸軍校を辞するに忍びず、遂いに一身を砕《くだい》て両義を全うせんと積日の憂悶此一朝の死を決せしめたるものなりと噂せり。

本国で獄に繋がれた父親を救うため、1日も早く帰国して身代わりにならねばと思う気持ちがはやる一方で、士官学校での修学を支援してくれる日本陸軍から受けた厚誼《こうぎ》を無駄にすることもできない。支援を絶たれた朴裕宏に資金援助をしたのは中将・小澤武雄、曽我祐準といった陸軍の重鎮たちだったのである。朝鮮の父への思いと日本への恩義に心を引き裂かれ、憂悶のあげく死によって決着をつけたのではないかというのである。

翌29日には「故朴裕宏氏葬儀」の記事が載った。麹町の陸軍病院より出棺した朴裕宏の亡骸《なきがら》は、青山墓地の「仮外国人埋葬地」に埋葬される。雨のそぼ降る中、士官学校長をはじめ陸軍将校及び同窓生数十名が会葬し、若き軍人の非業の死を悼んだ。しかし留学生らは誰一人として現れなかったし、金玉均・朴泳孝らも、元戸山学校留学生・申應煕らも姿を見せなかった。朝鮮公使館の取り仕切る葬儀に、彼らが公然と参列することはできなかったのである。

「常に蔭にて我が身を悪しざまに評せり」

朴裕宏は、陸軍士官学校にとって初めての外国人生徒だった。士官学校も特にその点に心をくだき、懇切な教育を心掛けた。朴裕宏も発奮し、「素《もと》より体格も強健なるうえ記憶力さえ人並み立勝《たちすぐ》」れていたので、日本人学生にも「敢て一等を譲らず」、成績は「中等以上に位し」、「教授の甲斐ありと称賛《ほめたたえ》」られた（「朴裕宏氏自殺の余聞」『時事新報』1888年6月1日）という。

同記事では自殺の原因は、「同人は其天才機敏に過ぎ、日夜国事を慷慨せし余り、思い迫りて終《つい》に前途の望みを絶ち、潔く自殺すべしと決心したるものならん」としているが、実は死の2年前から朴裕宏は「士官学校を辞めたい」と再三願い出ていた。

1886（明治19）年春、千葉県習志野に行軍した時のことである。朴裕宏は親交の深かった内藤教官に、「退校しようと考えている」と打ち明けた。理由を尋ねる内藤に朴裕宏はこう語った。

「**他の学生等は常に蔭にて我が身を悪しざまに評せり。其不快限りなければ、寧ろ退校せばやと思うなり**」（同前）

内藤は、そんなことはありえないと打ち消し、その場は話題を変えてしまったが、4月、熱海滞在中にも朴裕宏はまた退校したいと言い出した。

「**我が一身の誹謗を受くるは、則ち朝鮮国を誹謗せらるると同じく、我が国の体面に関せり**」（同前）

と勢い鋭く弁じ立てたため、内藤は自分の手に負えないと認め、中隊長・伊崎大尉に報告した。伊崎はこれを無視できない事態と判断し、生徒らを調査したが、誹謗中傷の事実や証言を見つけることはできなかった。そこで伊崎は朴裕宏を呼び、誰がどんなことを言ったのか遠慮なく言えと迫った。だが、朴裕宏もまたはっきり誰と口にはしなかった。そのため伊崎は原因は別にあるのではないかと疑い、朴裕宏に向かって、「他日一廉《ひとかど》の良将校となり、其《その》一国の独立を扶持すべき大任を負える身」であるのに、「少許《すこしばかり》の事」を心に留めて、「国家の大事を打捨て退校せんなどとは日頃の気性にも似合しからず」と説いた。

朴裕宏は、ため息をつき沈黙していたが、ようやく頭をもたげると、「私が誤っていました。ご説諭に従います」と答えて帰ったという。

5月、熱海から帰って間もなく、外出先より内藤教官あてに手紙が届いた。そこにはまたも退校願いが書かれていた。伊崎中隊長の勧めで軍医にかかった朴裕宏は、「病気なり」と診断され、自宅療養のために10日間休校した。休校中に朴裕宏は、アメリカ留学を断念して戻ったばかりの朴泳孝を訪ねている。それ以後、退校のことは言わなくなったという。

1887（明治20）年4月、朴裕宏は須永元《はじめ》大尉の部下となる。須永は慶應義塾出身で、生涯朝鮮と深く関わり続けた人物である。金玉均、朴泳孝とは特別親しく交わり独立運動の支援にも力を注いだ。伊崎大尉から事情を聞き、朴泳孝からも甥の後見を頼まれていたのかもしれない。

慟哭の理由

1888（明治21）年の春のある日、朴裕宏は朝鮮公使館に行ったまま戻らず、かなり遅刻して帰ってきた。遅刻の理由は、公使館から「最早学資を給与し難きに付帰国すべし」と言われ、「其《その》命に応じ難し」と拒絶して公使館を出たが、なんとなく「築地辺《あたり》を徘徊して」いたらこんなに遅くなってしまったと答えている。また土浦へ野営演習に出張した後、再び朝鮮公使館へ行き館員と激しく口論になったという噂も立った。

それから間もなく、内藤教官は朴裕宏から「同胞に見せてやりたいので弾薬を一発貸してほしい」と再三懇願されている。もちろん平時に生徒に渡すべきものではないとして、内藤はその頼みを断っている。

来日したメレンドルフが士官学校を参観したのはその頃だったと思われる（石光真清『城下の人』には明治20年3月とあるが、これは明治21年の誤りだろう）。

> **その時、特に朴君を整列している全校生徒の前に呼び出して、激励の言葉を与えた。朝鮮使節が自分の国の留学生に激励の言葉を与えるのは当り前のことであるが、朴君はその夜、寝台に伏して声をあげて泣いていた。**
>
> **（『城下の人』）**

石光は友人の慟《どう》哭《こく》の理由を、ドイツ人が祖国の外務高官となり、衆人環視の中で自分に激励の言葉を与えることに「朝鮮人として忍び得ない侮辱を感じた」からだろうと推察している。

だが朴裕宏の絶望はもっと深く、重いものだった。

メレンドルフは金玉均の最大の政敵だった。甲申政変前年、金玉均が日本から300万円の借款を調達するのに失敗した原因も、メレンドルフの妨害によるところが大きかった。その失敗がなければ、甲申政変は起きなかったかもしれない。あるいは別のかたちでの改革が進んでいたかもしれなかった。

またメレンドルフは、清軍に敗れ日本への逃亡をはかる独立党を捕縛するため、千歳丸に乗りこんで彼らの身柄の引き渡しを要求した。この時、竹添公使はこれを黙認し、金玉均らは自決の決意までしたが、辻勝三郎船長が「陸上の事は我これを知らず。この船舶の事、皆我が権内にあり」と言って引き渡しを拒むという一幕があった。独立党にとってメレンドルフは仇敵であり、その本人が、今や朝鮮政府が自ら雇用した高級官僚として、揚々と日本に現れたのであった。メレンドルフに激励された二ヶ月後、朴裕宏は小銃自殺する。その時の様子を『時事新報』の記事はこう伝える。

> 斯《か》くて去月二十七日午前五時三十分、例の如く他の生徒が食堂に出でたるのち轟然一発の銃声と共に憐むべし二十一年の妙齢を一期とし、自殺の最後を遂ぐるに至れり。其傍《そのかたわら》には我が写真に一葉ずつの名刺を添え、其裏《うら》面には孰《いず》れも、男児立志出郷開学若不成死不還云々の詩を書《しる》しあ

りて、一は将校学監滋野少将に、一は校長寺内大佐に、一は中隊長須永大尉に宛て、其他区隊長友人等に宛てたるもありしが、此外には駿河半紙に鉛筆もて記したる遺書の如きものありしも、文字読み難くして其意を解するに由なし。

（『時事新報』1888年6月1日）

手荷物の中に一通の遺書が見つかった。そこには「決死の理由」が三つ記されていた。その第1は「短才微力にして到底他日国家の為めに偉勲を立つるの望みなきこと」、第2は「我が国勢復《ま》た挽回すべからざるの頽敗《たいはい》に陥り、生きて其情況を見るに忍びざること」、そして第3は、文字が判読できない状態だった——という。

遺書は自死決行のずっと以前にしたためられたものだったらしい。また用いられた弾薬は、射的用の空薬莢に、どこからか拾って来た弾丸を込めて用いたものだった。彼がいつ自死の決意をしたのかはわからない。

日本と朝鮮「関係の病」

日本は、朝鮮人留学生たちが初めて目にした近代国家だった。これが未来かと、朴裕宏も思ったはずだ。祖国を文明国にするために、彼ら留学生たちは派遣され、日本で学んできたのである。だから朴裕宏は、日本人同期生からの侮辱を許せなかった。自身への侮辱は「朝鮮国を誹謗せらるると同じ」と言ったのは、彼の頭の中にはすでに近代国家・朝鮮の未来像が描かれていたからだろう。

だが朴裕宏の生は行き場を失った。独立党の壊滅で彼の将来は途絶した。本国政府の仕打ちは彼の祖国への思いを打ち砕いた。そして留学先の日本では、未開国〈朝鮮〉は軽侮の対象であり、〈朝鮮人〉は憐れむべき存在であった。日本政府の掌を返すような態度や、福澤諭吉ら親朝鮮派だった知識人の変心は強い警戒心を抱かせるものだった。朴裕宏が迫られたのは、単に日本に残るか、朝鮮に帰るかの選択ではなかった。残忍な非近代国家・朝鮮と非情な近代国家・日本の狭間で、そのどちらかに生の意味を見出しうるか――若き心は煩悶した。

それは一留学生が背負うには、あまりに重い苦悩であったはずだ。しかし金玉均にも朴泳孝にも、朴裕宏を救う余力はなかった。よるべない日本での生活の中、彼らはそれぞれの方法で朝鮮の近代化を成し遂げる機会を見つけようと苦闘していた。そして朴裕宏は、未来を閉じ、来るべき悲劇を拒絶することを選んだ。近代の扉の前に立ちながら、その門をくぐることを拒んだ彼の死は、近い将来自分自身を襲うであろう、いずれ朝鮮と日本の間で起きるであろう悲劇という名の未来へ投げられた、最初の抵抗の礫《つぶて》だったと思う。

青山霊園に建つ朴裕宏の墓碑は、1900年4月、後輩留学生たちによって建てられた。背面の「堕涙碑」の文字はその時に刻まれたものだ。日清戦争勝利の後、日本が急速に朝鮮侵略を進めていく中、朴裕宏は救国の義士に列せられた。「祖国の凋落を前に何もできない非力を嘆き、憤死した青年」という解釈であった。苦悩する若者は、いつしか民族の英雄に作り変えられた。

第3部

ハルビン駅で会いましょう

安重根と伊藤博文の十字路

はじめに

「安重根は死刑判決を受けたテロリストである」

2014年1月、菅義偉内閣官房長官（当時）は、中国黒竜江省のハルビン駅構内に「安重根義士記念館」がオープンすることに対して記者会見でこう発言した。

続いて菅氏は、

「一方的な評価に基づき、韓国と中国が連携して国際的に展開するような動きは、地域の平和と協力の関係に資するものではない」と述べた。

日本人、日本社会にとって、安重根《アンジュングン》とは何者なのか。日本と朝鮮の間でこの人物に対する認識は全く異なっている。日本にとっては、初代総理大臣・伊藤博文を暗殺した憎むべき「テロリスト」であり、朝鮮にとっては、初代韓国統監を誅した「独立運動の義士」なのだ。

また日本では伊藤博文は、明治維新の元勲であり、近代国家の建設に尽力した人物、大日本帝国憲法の起草、国会の開設などに主要な役割を果たし、アジア太平洋戦争後も紙幣の肖像となって国民に親しまれてきた偉人だが、朝鮮と中国では帝国主義政策を強力に推し進め、日韓併合を実質上準備した張本人と認識されている。

安重根と伊藤博文をめぐる両国の認識ギャップは、今も揺るぎない。伊藤博文がハルビン駅頭で安重根に射殺されたのは、1909（明治42）年10月26日だから、事件はゆうに100年以上前の出来事だ。1世紀もの長きにわたって、当事国同士がこの事件を同じ一つの〝歴史〟として共有することができないでいる。

筆者は以前新聞のコラムに、安重根が旅順の獄中で揮毫した「一日不讀書　口中生荊棘」（一日読書をしなければ、口中に棘が生える）という言葉を引用したことがある。それに読者からクレームが付いた。安重根などという重犯罪人の言葉を、社会の公器である新聞紙上に使用するのは不適切だというのだ。そこで、この小文では、伊藤博文暗殺事件当時、日本の人々が安重根という人物から、いくつもの異なる衝撃を受けていたことを示してみたい。現在のような、一つの色に塗りつぶされた解釈ではなかったのだ。

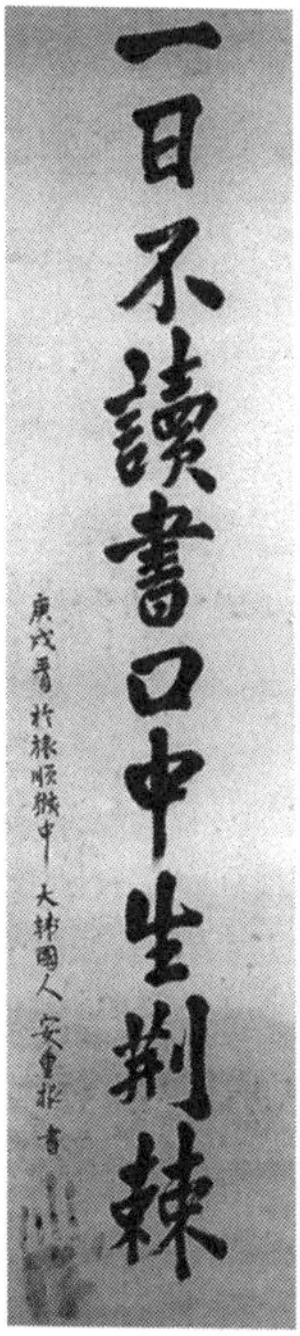

「一日不讀書　口中生荊棘」旅順獄中で書かれた安重根の書

絵葉書になった〈暗殺者〉

当時の朝鮮の首府・京城（現・ソウル）には、日本人が開いた「本町通」という繁華街があった。現在の明洞《ミョンドン》・退渓路《テゲロ》の一本北、ソウル中央郵便局が面する通りである。そこに「日之出商行」という絵葉書を発行・発売する業者があった。

本町2丁目にあった日之出商行の絵葉書店舗（絵葉書、国際日本文化研究センター所蔵）

明治・大正期、「絵葉書」は大衆に情報を伝える有力なメディアだった。とくに日露戦争（1904〜05年）期には、戦地の兵士を慰問する手段に用いられて一大ブームとなっていた。日之出商行もそうした流行をあてこみ1906（明治39）年、本町2丁目に開業している。この日之出商行の店頭で安重根の絵葉書が売られていた。

時代はやや下るが、1926（大正15）年4月、朝鮮総督・斎藤実暗殺未遂事件（「金虎門事件」）が起きる。朝鮮王朝最後の皇帝となった純宗《スンジョン》が薨去《こうきょ》し、弔問のために王宮・昌徳宮を訪れた日本人3名を乗せた車が、金虎門を出たところを刃物を持った男に襲撃された事件だ。実行犯は宋学先《ソンハクソン》という29歳の男で、日本人1人が斎藤総督と間違われて殺害された。逮捕された宋は警察の取り調べにこう供述している。

「幼児本町絵葉書店に於て陳列ありし伊藤公暗殺犯人安重根の写真に対し鮮人等の賞賛し居《お》りたるを思い出し」

日之出商行の店先で朝鮮人たちが安重根の絵葉書を見てしきりに賞賛するのを、宋学先は見ていたというのである。宋がその絵葉書を見たのは1910年前後であり、日之出商行が内地・日本から仕入れたものだった。日本国内で安重根の絵葉書が発売され流通していたことは、1910（明治43）年4月29日付『東京朝日新聞』に掲載された記事「刺客写真の発売禁止」から知ることができる。

府下上渋谷下広尾町六山口金太郎は、伊藤公を狙撃したる韓人安重根の肖像を絵葉書に印刷し盛んに売却し居たるが、一昨日その筋より発売を禁止されたり。（同前）

幸徳秋水と安重根

1910年6月1日、幸徳秋水は静養先の湯河原で逮捕された。その翌年、「大逆事件」の首謀者として死刑判決を受ける。逮捕時、秋水は、安重根の絵葉書を1枚、鞄に所持していた。

幸徳秋水の漢詩が印刷された安重根絵葉書

その絵葉書と同じものが現在、明治学院大学図書館の「沖野岩三郎文庫」に収蔵されている。絵葉書に使用されたのは薬指を〝断指〟した左手を胸の前に置く有名な写真である。安が収監中に撮影されたものだ。

和歌山県出身の沖野岩三郎もまた、大逆事件に巻き込まれた1人であった。明治学院神学部卒業後、故郷・和歌山に戻った沖野は、大石誠之助・内山愚童ら、いわゆる大逆事件の「和歌山組」と親交を持つ。そのことが嫌疑に結びついたのであった（大石、内山はともに死刑となる）。

あやうく逮捕を免れた沖野は獄中の大石や『牟婁《むろ》新報』記者・崎久保誓一（死刑判決。特赦により無期に減刑）らと文通し、仮釈放された崎久保から大石が所有していた安重根の絵葉書を送られたのである（秋月望「沖野岩三郎文庫の安重根絵葉書」）。

この絵葉書の写真面には漢詩が印刷されている。幸徳秋水が安重根に寄せて詠んだ直筆の文字を刷り込んでいるのである。

舎生取義　殺身成仁
安君一挙　天地皆振
（生を捨てて義を取り　身を殺して仁を成す　安君の一挙　天地皆振う）

絵葉書を製作したのはサンフランシスコ平民社の岡繁樹だった。岡は秋水に絵葉書の見本を送った。そのうちの1枚を秋水は大石に送り、それが沖野の手に渡り現存しているのである。秋水は大石宛の手紙に、「バクニンとクラポトキンのも出来てる、安重根のは日本製のは発売禁止になったから、是《これ》も直《す》ぐやられるだろう」と書いている。

安重根は明治の社会主義者、アナーキストにとって、バクーニン、クロポトキンと並ぶアイコンだったのである。

日本語に〝翻訳〟された安重根

幸徳秋水は、安重根に対してどのような共感を抱いていたのか。安が行動の根幹に置いた問題提起を、彼はどのように受け止めたのだろう。

1909（明治42）年10月26日、ハルビン駅で伊藤博文を射殺した安重根はその場でロシア兵に拘束された。ハルビンは当時ロシアの行政地域だったが、ロシアは自国の裁判権を行使せず、そのまま安を日本側に引き渡した。4日後の1909年10月30日、安重根の第1回尋問が同地の日本領事館で行われた。その「安応七尋問調書」（安重根は尋問の最初に自分の氏名を「安応七」と名乗った）で安は、有名な「伊藤サンノ十五ノ罪」を語っている。


第一、今より十年前、伊藤さんの指揮にて韓国王妃を殺害しました。

第二、今より五年前伊藤さんは兵力を以て五カ条の条約を締結せられましたが、それは皆韓国に取っては非常なる不利益の箇条であります。

第三、今より三年前伊藤さんが締結せられました十二カ条の条約は、いずれも韓国に取り、軍事上非常なる不利益の事柄でありました。

第四、伊藤さんは強いて韓国皇帝の廃位を図りました。

第五、韓国の軍隊は伊藤さんの為めに解散せしめられました。

第六、条約締結付、韓国民が憤り、義兵が起りましたが、その関係上、伊藤さんは韓国の良民を多数殺させました。

第七、韓国の政治其他の権利を奪いました。

第八、韓国の学校に用いた良好なる教科書を、伊藤さんの指揮の下に焼却しました。

第九、韓国の人民に新聞の購読を禁じました。

第十、何ら充《み》つべき金なきにもかかわらず、性質の宜しからざる韓国官吏に金を与え、韓国民に何らの事も知らしめずして、終に第一銀行券を発行して居ります。

第十一、韓国民の負担に帰すべき国債二千三百万円を募り、これを韓国民に知らしめずして、その金は官吏の間において勝手に分配したとも聞き、また土地を奪いし為めなりとも聞きました。これは韓国に取りては非常なる不利益の事であります。

第十二、伊藤さんは東洋の平和を攪乱しました。その訳と申すは、すなわち、日露戦争当時より東洋平和維持なりと言いつつ、韓皇帝を廃位し、当初の宣言とはことごとく反対の結果を見るに至り、韓国民二千万は皆憤慨して居ります。

第十三、韓国の欲せざるにもかかわらず、伊藤さんは韓国保護に名を借り、韓国政府の一部の者と意見を通じ、韓国に不利な施政を致して居ります。

第十四、今を去る四十二年前、現日本皇帝の御父君に当たらせらるる御方を伊藤さんが失いしました（注＝殺害しました）。その事は皆韓国民が知って居ります。

第十五、伊藤さんは、韓国民が憤慨しているにもかかわらず、日本皇帝やその他世界各国に対し、韓国は無事なり、と云って欺いて居ります。


（市川正明『安重根と日韓関係史』より再引用。注は市川による。傍線筆者）

尋問は2回行われ、11月1日安の身柄は旅順の関東都督府監獄に移される。憲兵に護られ、途中長春と大連で1泊する2日半かけての列車移送であった。

旅順監獄で数十回に及ぶ尋問を受け、第1回公判が翌1910年2月7日に開かれる。判事、検事、弁護士、全て日本人だけという法廷だった。そして同月14日第6回公判で極刑を言い渡されるまで、安重根が裁判で語る言葉はすべて通訳を通して日本語に翻訳され、日本語で外部に伝えられた。

安重根が絞首刑に処されたのは3月26日。26日は伊藤博文の月命日であり、処刑時間に選ばれた午前10時は伊藤の絶命時間に合わせたものであった。

その2日後、満洲日日新聞社から『安重根事件公判速記録』が発行される。非公開だった第3回までの公判も含め、同紙の記者が速記した内容を1冊にまとめて刊行したもので、法廷における被告の雄弁がはからずも同書の最大の読みどころとなっている。

『平民新聞』の「宣言」と三つの主義

幸徳秋水ら社会主義者は、この時期閉塞状態にあった。日露戦争非開戦を主張して『萬朝報』を追われ、堺利彦とともに週刊『平民新聞』を創刊したものの、約1年で廃刊。1907（明治40）年に日刊紙として再起を図るが、度重なる発禁処分、新聞紙条例違反による起訴などの弾圧によって3ヶ月で休刊せざるを得なかった。
1903年11月15日発行の『平民新聞』創刊号巻頭の「宣言」において幸徳らは三つの主義を謳い上げる（傍点筆者）。

宣言

一、自由、平等、博愛は人生世に在る所以の三大要義也。
一、吾人は人類の自由を完からしめんがために平民主義を奉持す、故に門閥の高下、財産の多寡、男女の別より生ずる階級を打破し一切の圧制束縛を除去せんことを欲す。
一、吾人は人類をして博愛の道を尽さしめんが為に社会主義を主張す。故に社会をして生産、分配、交通の機関を共有せしめ、其《そ》の経営処理に社会全体の為にせんことを要す。
一、吾人は人類をして博愛の道を尽さしめんが為に平和主義を唱導す。故に人種を区別、政体の異同を問はず、世界を挙げて軍備を撤去し、戦争を禁絶せんことを期す。
一、吾人既に多数人類の完全なる自由、平等、博愛を以て理想とす。故に之を実現するの手段も、亦《ま》た国法の許す範囲に於て多数人類の輿論を喚起し、多数人類の一致協同を得るに在らざる可《べ》からず、夫《そ》の暴動に訴えて快を一時に取るが如きは、吾人絶対に之を否認す。

平民社同人

平民社の掲げる三つの主義、「平民主義」「社会主義」「平和主義」が目指したのは、共和政府実現という政治的な目標であるよりも、「多数人類の完全なる自由、平等、博愛」を実現したいという理想主義的な目標だった。生まれ故郷の土佐で中江兆民の薫陶に浴した自由民権少年・幸徳伝次郎は、その初期の思想においてこうした明るさを帯びていた。

共振するそれぞれの最期

だが明治政府の弾圧は、やがて社会主義者の監視、生活への干渉に及ぶようになる。新聞連載という形式で作品を発表することの多かった夏目漱石は、小説の中に時事的な話題をさりげなく織り込んで書いた。代表作の一つ『それから』の連載第78回（1909年9月）には、当時の幸徳秋水が登場する。

平岡はそれから、幸徳秋水と云う社会主義の人を、政府がどんなに恐れているかと云う事を話した。幸徳秋水の家の前と後に巡査が二三人宛《ずつ》昼夜張番をしている。一時は天幕《テント》を張って、其中から覗《ねら》っていた。秋水が外出すると、巡査が後を付ける。万一見失いでもしようものなら非常な事件になる。今本郷に現われた、今神田へ来たと、夫《それ》から夫へと電話が掛って東京市中大騒ぎである。新宿警察署では秋水一人の為に月々百円使っている。（『それから』）

漱石はこの話を、六月に『東京朝日新聞』に掲載された記事「幸徳秋水を襲う」を参考に書いていている。筆者は朝日新聞社の同僚・杉村楚人冠で、かつては『平民新聞』に寄稿した幸徳の旧友である。東京千駄ヶ谷の「平民社」を訪れた楚人冠によれば、幸徳の生活ぶりは窮屈であった。

又例の病気が悪いのかと問えば、いや、此程《このほど》中二日ほど徹夜して「自由思想」の原稿を書いたので今しも楽寝の最中だという、徹夜して迄書いたものが出ると其儘《そのまま》発売禁止を食《くら》ったとは気の毒な、枕許には薬瓶が相変らず列《なら》んでいる。（「幸徳秋水を襲う」）

「自由思想」とは幸徳が当時同居していた管野スガと発行を目論んでいた4ページの雑誌（冊子）のこと。また幸徳は薬を「紀州新宮の同志」である医師・大石禄亭（誠之助）からもらっていた。幸徳らはこの約1年後に逮捕されるが、まさか3人ともに死刑判決を受けて殺されるとは、この当時夢にも思っていなかっただろう。

楚人冠が記事を書いた4ヶ月後、伊藤博文は安重根に殺される。幸徳は逮捕されるまでの短

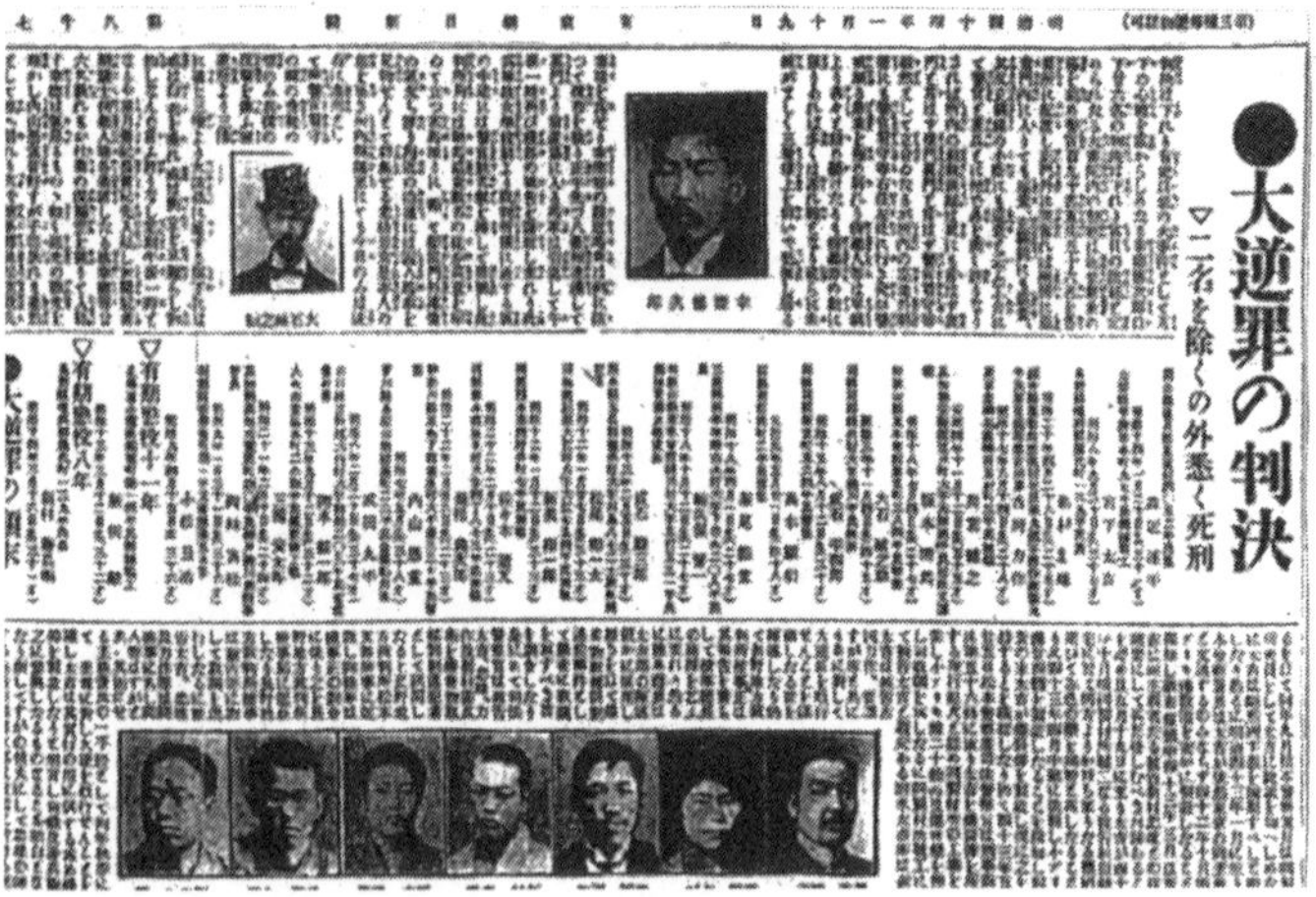
大逆罪の判決
▽二名を除くの外悉く死刑

「大逆事件」の判決を報じる『東京朝日新聞』

い日々に、安重根裁判の報道をつぶさに読み、『公判速記録』を注意深く読んだことだろう。そして、この暗殺犯が語る言葉の中に、かつての平民社「宣言」に通じる理想主義の光を見出したかもしれない。

安重根は死刑判決後、控訴せず、残された時間を『東洋平和論』の執筆にあてた。結局時間切れで書き上げることはできなかったが、「序」と「前鑑」の一部が遺された。今は読むことができるものの、幸徳ら同時代人がその内容を知ることはなかった。しかし安重根の死刑執行を報じた『大阪毎日新聞』1910年3月27日付の記事には次のようなくだりがあった。

獄中の安重根と親しく交わり、助命さえ訴えたことのある栗原貞吉典獄が死刑の執行を告げ、言い残すことはないかと問いかけたのに対し、安はこう答えている。

「予のここに至りしは元、東洋平和のためなれば更に遺憾なきも、これに立ち会われたる日本の官憲は、今後日韓の親和と東洋平和のために尽力あらんこと切望す」

そして最後に「絞首台上にて東洋平和の万歳を唱えたし」と希望し、「祈祷をなすこと三分間にして、徐《おもむろ》に刑台に上れり」という。安重根は篤信のキリスト教徒でもあった。

幸徳秋水は、自分より8歳年下の死刑囚の最期に、自身の未来を予感したかもしれない。幸徳が死刑判決を受けたのは1911年1月18日。彼は死刑を告げられた日、看守に頼まれて辞世の詩を詠んだ。

区々成敗且休論
千古惟応意気存
如是而生如是死
罪人又覚布衣尊
(区々たる成敗しばらく論ずるをやめよ　千古ただまさに意気に存すべし
かくの如くして生きかくの如く死す　罪人また布衣の尊きを覚ゆ)

「布衣《ふい》」とは平民のこと。平民のために生き、罪人にされてなお平民の尊さを信じるという、自らの理想を語るものだった。

夏目漱石と伊藤博文暗殺事件

『それから』を書き終えた夏目漱石は、1910（明治43）年3月1日から6月12日にかけて『東京朝日新聞』に小説『門』を連載する。この小説には伊藤博文暗殺事件が出てくる。

宗助は五六日前伊藤公暗殺の号外を見たとき、御米《およね》の働いている台所へ出て来て、「おい大変だ、伊藤さんが殺された」と云って、手に持った号外を御米のエプロンの上に乗せたなり書斎へ這入《はい》ったが、其語気《そのごき》からいうと、寧《むし》ろ落ち付いたものであった。「貴女《あなた》大変だって云う癖に、些《ちっ》とも大変らしい声じゃなくってよ」と御米が後《あと》から冗談半分にわざわざ注意した位である。（『門』）

『門』の主人公・宗助は事件の一報に驚きながらも、さほど慌てた態度は見せていない。では、こうした態度が大衆の一般的な感覚だったかといえば、そうではなかった。新聞各紙は事件についで連日書き立て、まさしく蜂の巣をつついたような騒ぎだった。

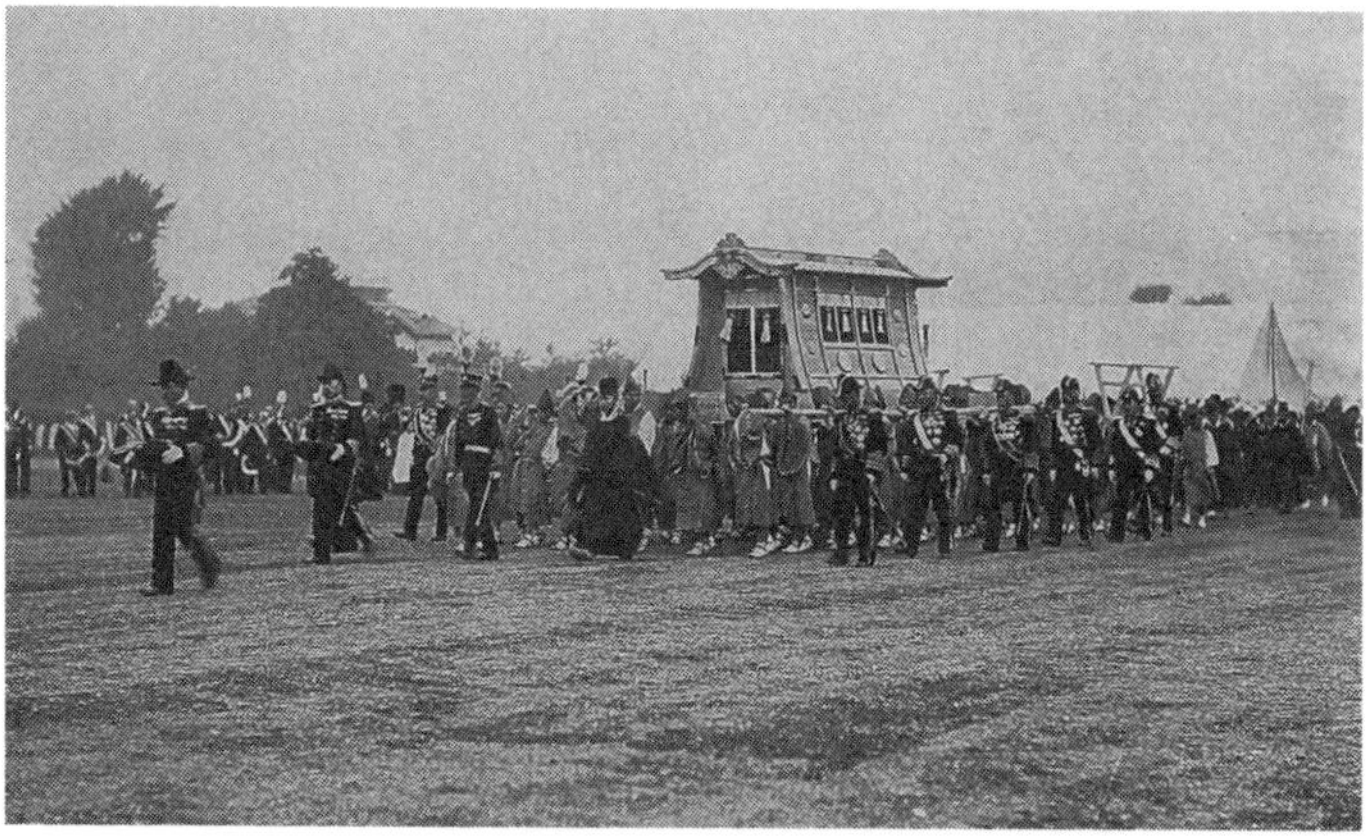

日比谷公園で営まれた伊藤博文の国葬（『故伊藤公爵国葬写真帖』撮影・小川一真）

1909年11月14日、現在の価値に直して約6億円（4万5000円）もの予算を注ぎ込んで、日比谷公園で伊藤博文の国葬が営まれた。棺を乗せた輿《こし》は、50人の輿丁《よてい》に担がれて霊南坂（東京都港区）の官邸を出発、日比谷公園を目指す道中には早朝5時より人垣ができ、混乱をきたすほどの人の山ができた。伊藤の絵葉書も沿道の露店で飛ぶように売れたというから、伊藤博文という人物の国民的人気の高さがうかがわれる。反対に狙撃犯である安重根には〈不逞鮮人〉という呪詛の声が強く浴びせられた。

大衆の熱狂と裏腹な主人公・宗助の冷めた態度は、むしろ漱石の心境を映したものであったろう。作者は次のような皮肉めいたセリフを語らせる。

「己《おれ》見た様な腰弁は殺されちゃ厭《いや》だが、伊藤さん見た様な人は、哈爾賓《ハルビン》へ行って殺される方が可《い》いんだよ」と宗助が始めて調子づいた口を利いた。

「あら、何故」

「何故って伊藤さんは殺されたから、歴史的に偉い人になれるのさ。ただ死んで御覧、斯《こ》うは行かないよ」

（同前）

絵葉書「ハルビン駅 伊藤公遭難地点標」（筆者所蔵）

漱石が伊藤博文暗殺を知ったのは、『東京朝日新聞』が号外を出した1909年10月26日、つまり事件当日だったと思われる。彼自身が同新聞社の社員だったからだ。むしろ漱石が驚いたのは、ほんの1ヶ月ほど前、満洲に旅行した自分自身がその狙撃現場に立っていたからであった。


公の狙撃されたと云うプラットフォームは、現に一ケ月前《ぜん》に余の靴の裏を押し付けた所だから、希有《けう》の兇変と云う事実以外に、場所の連想からくる強い刺激を頭に受けた。

（「韓満所感 上」『満洲日日新聞』1909年11月5日）

漱石が満洲旅行を企てたのは、帝大で同窓生だった南満洲鉄道（満鉄）総裁・中村是公の誘いを受けてのことだった。9月3日に神戸港を船出し、満洲に渡った漱石は、大連・旅順・奉天・撫順・哈爾賓《ハルビン》など満洲の主要な地をめぐり、28日には朝鮮を訪れている。朝鮮では平壌・開城・京城などを見て回り、釜山から連絡船に乗って10月14日に帰国している。その後漱石は『東京朝日新聞』に「満韓ところどころ」の連載を開始するが、伊藤博文暗殺事件の影響から連載はしばしば休載、寸断され、結局朝鮮紀行は書かれないまま連載は中途半端に終了してしまう。先に引用した「韓満所感」はその合間に満鉄経営の日本語新聞『満洲日日新聞』の依頼を受けて寄稿したものである（「韓満所感」の存在は、２００９年に作家・黒川創氏が発見するまで１００年近く忘れられていた。韓国光州でシンポジウムに参加した黒川氏が『大韓国人 安重根資料集』の中に同記事が掲載されているのを見つけたのである）。

「韓満所感 下」で漱石は、この作家らしいとも、らしからぬとも言えそうな言葉で満韓の旅を総括する。

歴遊の際もう一つ感じた事は、余は幸《さいわい》にして日本人に生れたと云う自覚を得た事である。（中略）満洲から朝鮮へ渡って、わが同胞が文明事業の各方面に活躍して大いに優越者となっている状態を目撃して、日本人も甚だ頼母《たのも》しい人種だとの印象を深く頭の中に刻みつけられた。（同前）

この一節は、漱石がアジア人に対して差別意識を持っていたことの証《あかし》とされることがある。だが、鋭い時代批判者として知られる作家が、これほど手放しに日本礼賛を行うことを、字句通りに受け取るわけにはいかないだろう。連載の最後の最後、やや唐突に漱石は、京城に住む知人の言葉を引いて話に落ちをつける。そこでは差別者の慢心が揶揄されている。

> 東京や横浜では外国人に向って、ブロークン、イングリッシを話すのが極《きま》りが悪くって弱ったが、此地に来て見ると妙なもので、ブロークンでも何でもすらすら出るから不思議だ。――満韓にある同胞諸君の心理は此《この》一言で其《その》大部分を説明されはしなかろうか。
> (同前)

また、漱石の差別意識と指摘される箇所がもう一つある。

> 余は支那人や朝鮮人に生れなくって、まあ善かったと思った。彼等を眼前に置いて勝者の意気込を以て事に当るわが同胞は、真に運命の寵児と云わねばならぬ。
> (同前、傍点筆者)

この文章についても、注意深く作家の真意を汲む必要があろう。漱石は『門』の伊藤博文暗殺をめぐるやりとりにおいて、この運命がたどり着く先を示唆しているように思う。

「だけどさ。何《ど》うして、まあ殺されたんでしょう」

小六は要領を得ない様な顔をしている。宗助は落付《おちつ》いた調子で、

「矢《や》っ張《ば》り運命だなあ」と云って、茶碗の茶を旨そうに飲んだ。

（『門』）

ハルビンの履歴書

夏目漱石が旅したハルビンは、やがて「東方のパリ」とも「満洲のコスモポリス」とも呼ばれる国際都市となる。この都市の経歴を見てみよう。

そもそも「ハルビン」（哈爾浜）の街は、19世紀末まで存在しなかった。ヨーロッパ列強国がこぞって清を蚕食していた当時、ロシアもまた、冬になると凍結してしまう沿海州の拠点ウラジオストクに代わる不凍港を求めていた。１８９１（明治24）年、ロシアはシベリア鉄道の建設を始める。当時の蔵相セルゲイ・ウィッテは私鉄経営から転身した異色の人物で、鉄道建設をロシアの経済発展における最重要政策とし、シベリア鉄道がその切り札になると位置付けていた。清との国境を流れるアムール川（黒龍江）並走地域の鉄道建設が困難という報告を受けたウィッテは、シベリア鉄道の終点ウラジオストクとザバイカル・コサックの中心地チタを最短距離で

結ぶショートカット路線の敷設を計画した。それが満洲横断鉄道である「東清鉄道」だった。

ハルビンは、東清鉄道の計画ルートとアムール川最大の支流・松花江が交差する地点にあり、鉄道建設の拠点として1897年9月に〝発見〟された場所だった。当時は半農半漁の民家が4、5軒と「香坊」と呼ばれた蒸留酒醸造所を中心とした集落があるばかりで、あとは一面の草原と広漠たる湿地であったという。

ロシアは清と条約を交わし、東清鉄道の建設権及び旅順・大連の租借権を得た。これは日清戦争後に日本の遼東半島領有を放棄させた三国干渉への見返りと言えるものだった。清との合弁で東清鉄道会社が設立され、同社は「鉄道付属地」の行政権を有することになった。これにより、実質的なロシアの小植民地が鉄道路線に沿って誕生していった。ハルビンは、東清鉄道沿線の最初にして最大の植民地となった。

1900年の「義和団事件」の時期を除き、ハルビンの人口は増加し続け、大多数を占めるロシア人入植者と中国人労働者のほかにも、ユダヤ人やポーランド人のコミュニティが形成されるなど、多民族都市として発展していった。

ハルビンと日本人

日本人もまた草創期からハルビンに居留し、1899(明治32)年にはすでに「ヤポンスカヤ」（日本人街）が存在した。当時満洲で諜報活動に従事していた陸軍大尉・石光真清は、１９００年10月の終わりごろハルビンに潜入した。石光の手記『曠野の花』によれば、「義和団事件」以前のハルビンには、「女郎屋が中心で、小料理店、理髪店、洗濯屋、時計修繕工、写真屋その他雑多な職業の者」１４０～１５０人の日本人が在留していたが、「事件」後に残ったのはわずか13人あまりだったという。

ハルビンの繁華街キタイスカヤの写真（筆者所蔵）

石光はハルビンで洗濯店を開き、翌年には写真館を開業した。「義和団事件」後も撤兵せず満洲に居座ったロシアの情報収集を行うことが目的だった。『曠野の花』によれば店はどちらも繁盛し、写真館は東清鉄道会社の指定業者にまでなった。ハルビンに在留する日本人の数はますます増えて３００人以上となり、街は「素晴らしい景気」であったという。

鉄道の建設状況や軍事施設などを撮影した撮影原版は軍事機密に属するため、鉄道事務所内の特設室で役人立ち合いのもと現像しなければならなかった。そこで石光はわざと焼き付けを失敗してみせ、その不良品をこっそり持ち帰った。原

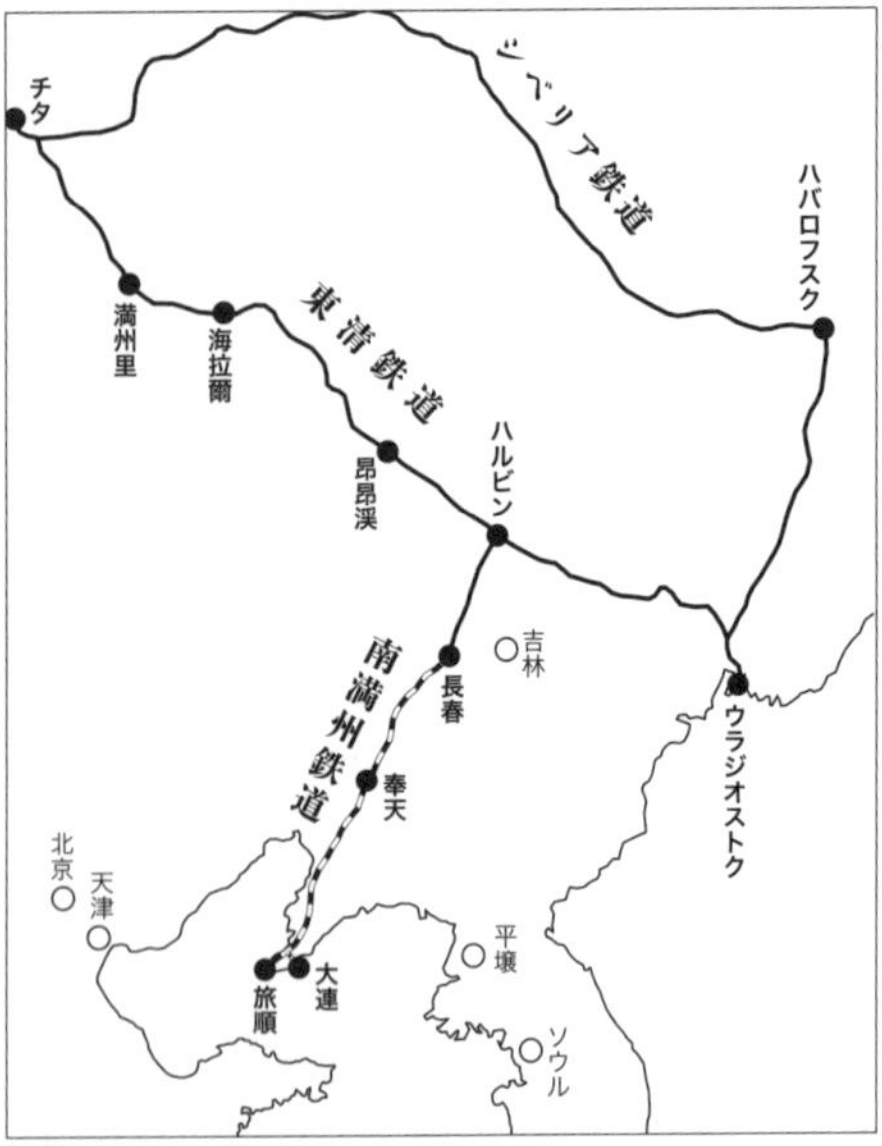

南満洲鉄道・東清鉄道路線図

版はのちに復元できる仕掛けになっており、石光はそれを焼き付けて日本に送った。また「日本女郎衆やロシア美人の写真」や「けしからぬ写真」などを複製して、「役人や軍に寄贈してご機嫌をとった」。そうしたことに「相当の経費を食った」とぼやいてもいる。

1904（明治37）年2月3日早朝、写真館にやって来たロシア憲兵から日露開戦を知らされた石光らは、即刻ハルビンからの退去を求められた。石光は焼き増しの印画紙や各地からの通信など、スパイ活動の証拠になりそうなものをペチカに放り込んで焼き、手持ちの現金1500ルーブルを内ポケットにねじ込むと、駅に護送されていった。足かけ4年間のハルビン生活は、日露開戦で唐突に終わりを迎えたのである。

翌1905年、日露戦争に勝利した日本はポーツマス講話条約で、長春―旅順間の東清鉄道南満洲支線を獲得する。その経営のために設立されたのが南満洲鉄道株式会社、略称「満鉄」

である。これによりハルビンは日本人にとってさらに身近な都市となった。

日清・日露戦争と朝鮮

時を少し戻して、日清・日露戦争という日本の対外戦争の主要な舞台となった朝鮮半島に目を転じよう。日清戦争（1894〜95年）後の1897（明治30）年10月11日朝鮮は国号を「大韓帝国」と改め、国王・高宗《コジョン》は初代皇帝の座に就いた。この時、朝鮮は国際社会に対して独立国であることを公式に宣言した。

日清戦争の宣戦の詔勅には、朝鮮の「独立」が繰り返しうたわれていた。「朝鮮は、帝国がその始め啓誘して、列国の伍伴に就かしめたる独立の一国たり」（日清戦争開戦の詔勅）。清との開戦は「朝鮮をして禍乱を永遠に免れ」、「東洋全局の平和を維持」するためとしている。

一方、日露戦争宣戦の詔勅では、「（大日本）帝国の重を韓国の保全に置くや一日の故にあらず」とし、朝鮮の存亡は「帝国安危の繋がるところ」と位置付けている。詔勅の前半に「東洋の治安を永遠に維持し」という文句が出てくるものの、「帝国の国利」の侵犯こそが開戦の主たる理由となる。

朝鮮の「独立」から韓国の「保全」、東洋の「平和」から「治安」の維持へ、二つの戦争の詔勅は、よく似ているようでいて明らかな違いがあった。

日露開戦の直前、1903（明治36）年11月、高宗皇帝は日露に対する中立を宣言、翌年1月、列強各国に親書を送り局外中立化の承認を求めた。欧州列強諸国はこれを承認、日本との開戦に消極的だったロシアも前向きになりつつあった。しかし日本政府はこの時すでに、韓国と戦時協力の密約を結ぶべく準備を進めていた。韓国はこれを拒絶したが、日本は2月9日に仁川《インチョン》沖でロシア艦船2隻を突如撃沈、翌日ロシアに宣戦布告した。同時に日本は韓国の首府・漢城《ハンソン》（現・ソウル）を制圧し、条約を締結した。

この「日韓議定書」には、「韓国政府は、施政改善に際し日本政府の忠告を容《い》れること」（第1条）、「日本政府は、その目的を達するため、軍略上必要な地点を臨機収用することができる」（第4条）と定められており、日本の内政干渉と軍事用地の接収を可能にする内容であった。同議定書の第3条には、「日本政府は、韓国の独立および領土保全を確実に保証する」とある。開戦の詔勅にはなかった「独立」という2文字がここには記されていた。

この時期伊藤博文は韓国皇室の慰問大使に任命され、韓国内政に食い入りつつあった。元老・松方正義は伊藤に宛てた書簡に、「彼（注・韓国のこと）に与ふるは独立の名にして我に取るは保護者たるの実」と書いており、日本政府は韓国の渇望する「独立」をちらつかせながら、1枚、2枚とその衣をはぎ取っていった。

「趣味の遺伝」に見る漱石の戦争観

漱石の『吾輩は猫である』は、1905（明治38）年1月1日発行の『ホトトギス』に発表された。この日付は、日露戦争の激戦地・旅順陥落の日と同じである。『猫』には「東郷大将」「バルチック艦隊」「ダムダム弾」など、日露戦争のキーワードが散りばめられている。諧謔とユーモアにくるまれた同作から漱石の戦争への思いを読み取ることは難しいが、ポーツマス講話条約締結後に書かれた『趣味の遺伝』は、次のような陰惨な「戦争」のイメージから書き出されている。

> 陽気の所為《せい》で神も気違になる。「人を屠《ほふ》りて餓えたる犬を救え」と雲の裡《うち》より叫ぶ声が、逆《さか》しまに日本海を撼《うご》かして満洲の果迄響き渡った時、日人《にちじん》と露人《ろじん》ははっと応えて百里に余る一大屠場を朔北《さいほく》の野に開いた。（中略）「肉を食《くら》え」と神が号《さけ》ぶと「肉を食え！　肉を食え！」と犬共も一度に咆《ほ》え立てる。やがてめりめりと腕を食い切る、深い口をあけて耳の根迄胴にかぶり付く。
>
> （『趣味の遺伝』）

新橋の停車場で凱旋兵を出迎える群衆と出会った語り手（漱石）は、1人の兵に目が留まり、旅順で戦死した友人「浩《こう》さん」を回想する。

浩さんは去年の十一月旅順で戦死した。二十六日は風の強く吹く日であったそうだ。（同前）

歩兵中尉「浩さん」は、第3回旅順総攻撃で歩兵部隊を指揮し突撃を行った。しかし要塞の陥落は果たせず、部隊は壊滅した。新橋の停車場で漱石は、凱旋兵士たちを包む歓声に押しやられ、忘れられゆく「浩さん」を思う。

余は色の黒い将軍を見た。婆さんがぶら下がる軍曹を見た。ワーと云う歓迎の声を聞いた。そうして涙を流した。浩さんは塹壕へ飛び込んだきり上《あが》って来ない。誰も浩さんを迎えに出たものはない。（同前）

時代の観察者であった漱石の目は、勝利に浮かれる人びとの背中に張り付く戦死者たちに向けられている。

5大国の一角を占め軍事大国となった日本だが、日露戦争はおびただしい戦死者、傷病兵を生みだした。巻き込まれた韓国の受けた傷も深かった。安重根という人物は、その傷から生まれたようなものだった。

石川啄木と伊藤博文

漱石が『それから』を『東京朝日新聞』に連載したのは、1909（明治42）年6月27日から10月14日までの全110回である。石川啄木はその当時『東京朝日新聞』で校正係をしていた。

「私は漱石氏の「それから」を毎日社にいて校正しながら、同じ人の他の作を読んだ時よりも、もっと熱心にあの作に取扱われてある事柄の成行に注意するような経験を持っていた」と啄木は書く。「色々の理由から「それから」の完結を惜しむ情があった」という。この文章が書かれた日付は不明だが、『それから』完結間近の頃であり、啄木の妻・節子家出事件の真っ只中であった。

節子が東京本郷の啄木のもとに帰ったのは10月26日、安重根が伊藤博文を銃撃したその日と重なる。翌日以降、新聞紙面は「伊藤公暗殺」を伝える記事で埋め尽くされた。校正係・啄木も多忙をきわめたことだろう。その間にも、啄木は『岩手日報』に連載していた「百回通信」に伊藤を賛美する追悼文を寄せた。

噫《ああ》、伊藤公死せり！（中略）偉大なる政治家の偉大なる心臓――六十有九年の間、寸時の暇もなく、新日本の経営と東洋の平和の為に勇ましき鼓動を続け来りたる偉大なる心臓は、今や忽然として、異域の初雪の朝、其《その》活動を永遠に止めたり。

（「百回通信」）

そして次のような追悼歌を作った。

いにしへの彼の外国《とつくに》の大王の如くに君のたふれたるかな

（同前）

暗殺の報に衝撃を受けた啄木は、素朴に伊藤博文を国家的英雄とうたいあげた。それは当時の大衆の感情を映し出したものだった。与謝野鉄幹もまた歌集『相聞』に追悼詠「神無月伊藤哈爾濱に狙撃さるこの電報の聞きのよろしき」を載せた。啄木と同じく伊藤の死を雄々しき死にざまと捉えている。

啄木は同時に、銃撃犯は韓国人の「革命党青年」であり、「吾人は韓人の愍《あわれ》むべきを知りて、未だ真に憎むべき所以を知らず」（同前）と書き、帝国主義の爪牙にかけられた韓国に心を傾けていた。この啄木の相反する二つの思いは、時代のはらむ危機を映し出していた。翌１９１０年になると啄木の思想は大きく転回を見せる。その契機は「大逆事件」であった。

シンクロする内外の植民地政策

幸徳秋水等陰謀事件発覚し、予の思想に一大変革ありたり。（石川啄木「日記」1910年6月）

日清戦争後の三国干渉で「精神的にほとんど別人となった」という徳富蘇峰と対照的に、啄木は「大逆事件」という政府の謀略事件によって〝別人〟のようになった。彼は旧友、知人から社会主義関係の書物を借りて読みあさり、9月9日、のちに「九月の夜の不平」と題される作品群をノートに書きつけた。

つね日頃好みて言ひし革命の語をつつしみて秋に入れりけり
時代閉塞の現状を奈何《いか》にせむ秋に入りてことに斯《か》く思ふかな
今思へばげに彼もまた秋水の一味なりしと知るふしもあり

このとき作られた36首の歌の題材は、明白なまでに「大逆事件」そのものだった。歌の中に幸徳秋水の名前が現れたり、あるいは「秋」という、名前の一文字が散りばめられていた。よく知られている「地図の上朝鮮国に黒々と墨をぬりつつ秋風を聞く」の歌が作られたのもこのときである。「韓国併合」を批判するこの歌と並んで、

誰《た》そ我にピストルにても撃てよかし伊藤の如く死にて見せなむ

という作品が置かれた。これは漱石が『門』の主人公・宗助に言わせたセリフ、「伊藤さんは殺されたから、歴史的に偉い人になれるのさ」を彷彿させるものだ。啄木の中で伊藤博文像は急激に変化していた。

安重根の処刑（同年3月26日）後には、安の死を悼んだとされる作品も作られる。

雄々しくも死を恐れざる人のこと巷にあしき噂する日よ

また幸徳らの処刑後に詠んだ「ココアのひと匙」（「われは知る、テロリストのかなしき心を――」）は、幸徳たちではなく安重根のことをうたったとする解釈もある。啄木にとっては、どちらであれ思いは同じであったかもしれない。

同年12月には、啄木の第1歌集『一握の砂』が刊行された。しかし、その中にはこれらの歌

がほとんど入っていない。この年、出版界には発禁の嵐が吹き荒れていた。9月3日から20日にかけて、単行本だけで84冊の本が発禁処分を受けた。つまりは検閲をかいくぐり、発禁を免れるための編集だったのだろう。

啄木に見られる思想の揺れは、社会の不安とシンクロするものだった。加速し激化する帝国主義は国民を「善良」と「不逞」とに選別し、社会主義者たちを後者の代表として弾圧した。そして「大逆事件」によって、人びとは国家が「不逞」な者に容赦なく暴力をふるうところを目の当たりにした。「日韓併合」とシンクロするように、大逆事件以後、内地においても精神の植民地化が進められていった。幸徳秋水、石川啄木らが示した韓国への憐憫、安重根に共感する思いの源はそこにあったのだろう。

衝突する二つの「東洋平和」

伊藤博文にはどのような自覚があったのか。1905(明治38)年12月、自ら望んで初代韓国統監に就任した伊藤は、統監府の管制を自分で起草するなど、韓国統治に強い意欲をもって臨んだ。翌年3月に首府・漢城入りした伊藤は、「この地に来任せるは韓国を世界の文明国たらしめんと欲する」と唱え、殖産興業、教育振興を基盤とする統治構想を打ち出す。「東洋の盟主」である日本が東アジア近隣国に「文明」を扶植し平和を維持するというのが、伊藤の「東洋平和論」であった。

石川啄木は伊藤博文を「温和なる進歩主義」者と評し、「東洋の平和の為に勇ましき鼓動を続け来りたる偉大なる心臓」とその死を悼んだが、国際社会においても宰相・伊藤博文の評価は漸進主義的政治家と見なされていた。また韓国でも一般に伊藤は「東洋平和論者」として知られており、啓蒙運動団体「大韓自強会」会長・尹孝定が「我が国に我が民族の幸福を増長し、先進国の光輝を宣揚しうる人は伊藤博文である」と述べるなど、日本を列強の一員に引き上げたその国家経営の実績を高く評価する声は当然あった。

だが、伊藤の「東洋平和論」は、あくまで日本が中央となり近隣国を衛星化するという構想だった。韓国という「保護国」統治の成否は、まさにその試金石だった。だが日本が「韓国併合」へと歩を進め、伊藤が統監を辞任した1909年6月、彼の「東洋平和論」もまた潰えたはずであった。

1910年、死刑判決を受け旅順監獄で処刑を待つ1ヶ月半の短い間に、安重根は二つの文章を著した。一つは自叙伝「安応七歴史」であり、もう一つは「東洋平和論」と題された未完の手稿である。この「東洋平和論」に示されているのは、多元的な独立国家の連合により「東洋平和」を実現するという構想であり、伊藤の日本一極集権による「東洋平和論」とは相容れない内容だった。

安重根が彼の「東洋平和論」について、いつから構想を抱いていたのかは定かではないが、事件直後の尋問ですでにこう述べている。

伊藤さんは東洋の平和を撹乱しました。その訳と申すはすなわち日露戦争の当時より、東洋平和維持なりと言いつつ韓皇帝を廃位し当初の宣言とはことごとく反対の結果を見るに至り、韓国国民二千万皆憤慨しております。

(「安応七訊問調書」1909年10月30日)

また、伊藤暗殺後の情勢について、「もし伊藤さんが生存せば一人韓国のみならず、日本もついに滅亡することと思います」「今後は東洋その他各国の平和を保たることと信じております」と語っている。

ハルビンにおける安重根と伊藤博文の〝出会い〟は、相反する二つの「東洋平和論」の衝突でもあった。

朝河貫一と安重根の「東洋平和論」

統監辞職後、山県有朋に代わって枢密院議長に就任した伊藤博文は、1909年10月満洲へ向けて旅立った。欧州諸国視察というのが表向きの理由だが、ハルビンでロシア蔵相ココーフツォフと会い、併合後の韓国も含めた「満洲問題」の折衝が当面の目的だった。16日門司港より乗船し、18日大連に到着。同地の歓迎会で「清国が各種の改革に成功せんことを熱心に希望」するという演説を行っている。もし不成功に終わるなら「極東の平和に影響すること大なるものあるを恐る」と述べ、清の改革に関与する意欲を示した。

朝河貫一（右）と『日本の禍機』（左）（実業之日本社・1909年）

この満洲行に伊藤は1冊の本を携えていたという。エール大学教授・朝河貫一の書いた『日本の禍機』である。１９０１（明治34）年にエール大学から名誉法学博士を授与されたとき、伊藤はまだ大学院生だった朝河と会っていた。１９０４年、朝河は『日露衝突』をアメリカとイギリスで出版し、国際社会に対してロシアの非を唱え、清の主権を重視する日本の立場の正当性を説いた。欧米で注目され版を重ねた同書の出版を喜んだ伊藤は、朝河が帰国した際に彼を招いて懇談する場面があったという。

『日本の禍機』は、１９０９年6月、坪内逍遥の紹介で実業之日本社から刊行されたばかりだった。同書で朝河は、一転して日露戦争後の日本の対外姿勢を強く批判する。戦前に示した清国の領土保全と主権重視、列国の機会均等政策の原則を覆し、日本は植民地主義のはびこる「旧外交」へと歴史を逆戻りしている。このままゆけば国際社会の反感はつのり、日米は未来の政敵になるだろうと朝河は指摘した。ことに韓国問題について、「日本が自ら約したる韓国の独立を蹂躙」したという訴えに「耳を傾くること多し」と言い、「(注・韓国が)ようやく開発独立せんとする」のを妨げ、これを「併呑《へいどん》せんとする」目的が明らかになれば、「韓国の人民は米国民の同情を篤くする」だろうと、日本の満韓政策を根本から批判した。

本書は、その後の日米開戦を予想し警告するものであった。「ゆえに余はあえて今日を指して日本の最危機となさざるを得ざるなり」と本編を結んでいるように、朝河の目には、今現在が日本が引き返せるギリギリ最後の地点であると映っていた。〈結論〉に出現する「日本国民の反省力を研磨せよ」という唐突な提言からは、読者に情緒的に訴えることも辞さない著者の焦燥を読み取ることができる。坪内逍遥が付けたという書名『日本の禍機』とは、まさにうってつけのネーミングだった。

ハルビンへと向かう伊藤博文が『日本の禍機』を読んだのかどうか。また読んだとしてなにがしかの感想を抱いたかどうか定かではないのだが、朝河の訴えと安重根が日本に対して発した警告の内容は、多くの部分が重なっていた。

以下は安重根が1910年2月14日に死刑判決を言い渡され、その3日後に旅順の関東都督高等法院長・平石氏人と面談した記録（「聴取書」）からの抜き書きである。

安は、「日本の東洋における地位は人間の体に例えると、あたかも頭部のようなもの」としたうえで、次のように語っている。

「日本は今すぐ態度を改めないと、各国に対して東洋の平和を攪乱した責任を負わなければならなくなるでしょう。」

「日本がこれまでとって来た政策は、二十世紀の政策としては甚だ飽き足らないものです。つまり、これまで外国がやってきた手法を真似ているだけで、弱国を倒して併呑するという手法です。」

「日本は最大限の注意を払って政策を行わなければ、回復することのできない苦境に陥ります。」

（勝村誠「安重根の獄中口述記録「聴取書」を中心に」より再引用）

さらに日清韓の協調によって旅順に「東洋平和会」を組織し、通貨の発行によって経済ブロックを形成すれば、「インド、タイ、ベトナムなどアジアの各国は進んで東洋平和会に加盟を申し込み、日本は争うことなく東洋を掌中に収める」ことになると提言している。朝河の言う日本の東洋政策の「旧《ふる》さ」を安重根も指摘しているのである。2人は、日本が破滅的状況へ進もうとしていることを見抜き、それぞれの立場から憂慮していた。

おわりに——丹下左膳と安重根

安重根による伊藤博文暗殺は、日本国内に大きな衝撃を与え、「大逆事件」というバックラッシュの衝動ともなった。日本の近代史の転回点と言うべき重要な事件だったが、安重根の死刑以後、彼の名が公に語られることはほとんどなかった。満洲日日新聞社の『公判速記録』はよく売れたし、法廷で堂々と自説をふるう不敵な〝犯罪人・安重根〟の人物像が、当時の文学者らの目に留まらなかったとすれば不思議なことだ。知る限りただ1人、作品タイトルに「安重根」の名を冠して戯曲を書いたのが谷譲次である。

ペンネーム・谷譲次こと長谷川海太郎が本作を発表したのは1931（昭和6）年3月、事件から20年以上後のことだ。長谷川は、谷譲次・牧逸馬・林不

「谷譲次」「牧逸馬」「林不忘」の三つのペンネームを駆使した長谷川海太郎

忘という三つのペンネームを使って、様々なジャンルの作品を書き分けた。当時は林不忘名義で書いた時代劇小説『丹下左膳』が大人気となり、流行作家となっていた。

丹下左膳は、1928（昭和3）年に新聞連載された小説の主人公である。この年は治安維持法に死刑が追加され、内務省が特高警察の大拡充を実現した年でもあった。江戸時代の封建的規範から逸脱し、気ままに剣をふるう〝悪のヒーロー〟左膳は、閉塞感の強まる時代の空気の中で、自由の体現者として大衆の人気を博したのであった。

長谷川が安重根に関心を持ったのは、『中央公論』特派員としてヨーロッパに向かう途中ハルビンに滞在し、伊藤博文の暗殺現場を訪ねたことによるという。彼は同行した夫人の前で、はしゃぎながら何度もプラットホームに倒れる真似をしてみせた（室謙二『踊る地平線　めりけんじゃっぷ長谷川海太郎伝』）。

谷譲次の戯曲『安重根　十四の場面』に描き出される安重根は、思想犯でもなければ英雄的な人物でもない。伊藤博文を殺そうという計画を抱いているが、その重さにたじろぎ、戸惑う一人の青年である。「国家」という名のもとに語られる同志の尊敬や称賛の言葉に、彼は反感さえ覚える。

「ここまで来て、伊藤を殺さなければならない理由が解らなくなってしまった——。（中略）**国家**

より先に、まずこの安重根という存在を考えてみる」
「殺そうと生かそうとおれの伊藤なんだ。おれがあいつを殺すと言い出した以上、今度は、助けるのもおれの権利にある」

（『安重根　十四の場面』）

戯曲『安重根　十四の場面』のこれらのセリフは作家・谷譲次の創作であり、もちろん史実ではない。谷は、時の経過とともに人間性を剝ぎ取られ、表現者の視野にさえとらえられなくなった〝テロリスト安重根〟を、ひとりの人間として呼び戻そうとする。

作品の最後、午前9時のハルビン駅構内。誰もいない待合室で汽車の到着する音を確かめ、プラットホームに吸い込まれるように入っていく安重根が、パントマイムで表現される。「犯行」は描かれない。その先を知ることは、観客・読者の営為に委ねられているのである。安重根という人物を、まっさらな白紙に戻しているとも言えよう。

この作品発表の半年後、関東軍は自作自演の満鉄線路爆破事件（「柳条湖事件」）を起こし、それを口実に満洲の武力占領を開始する。「満洲事変」である。以後日本は、15年に及ぶ長い戦争に突入する。長谷川海太郎は、その前夜に、侵略に抵抗する側の青年・安重根の苦悩を描いたのであった。

かつて長谷川は谷譲次のペンネームで「めりけんじゃっぷ」シリーズを書いた。18歳で単身渡米した彼の体験的小説で、軽妙な国際感覚が横溢する痛快な作品だ。彼は日本を外側から見ることができた。そういう意味では、夏目漱石と似たスタンスを持っていたと言っていい。長谷川の描く安重根が「国家」の軛《くびき》を拒否し、「個人」として暗殺を決意しなおすことは、戦争が「国家」を主語に持つ以上、長谷川にとってどうしても必要なことだったのだろう。

当時この戯曲が実際に上演されることはなかったが、現代を生きる私たちはこの作品を自由に読むことができる。昭和初期という閉塞する時代に、なぜ長谷川は安重根を再び召還したのか。近隣諸国との緊張が再び高まっている現在、そのような観点からこの作品を読むことには大きな意味がある。

日本と朝鮮、東洋と西洋、戦争と平和——安重根とはそれらのあいだに埋め込まれた「躓きの石」なのだ。

あとがき

1923年9月1日午前11時58分、関東地方をマグニチュード7・9の大地震が襲った。昼食時で火を使用していたこともあり、激しい揺れで倒壊した家から次々に火災が起きた。炎は大旋風となって都市を焼き払い、9月3日まで燃え続けた。10万人以上の命を奪ったこの「関東大震災」から今年で100年となる。

この節目の年にあたって、様々な出版物が刊行されることだろう。本書もまたその中の一つだが、特徴を一つあげるとすれば、それは著者自身が在日コリアンであるということになる。日本生まれの三世である私にとって、関東大震災とは「天災」であるにとどまらず、6000人以上と推計される朝鮮人が虐殺された「人災」の記憶である。

私は編集者としてこれまで近現代の日朝関係についての本をいくつか手掛けてきた。関東大震災下の朝鮮人虐殺もまた、いつか取り組まなければならないテーマであった。1910年の日韓併合により当時朝鮮人は日本国民に組み入れられていた。つまり、この事件は日本人市民が同じ「日本人」を虐殺するという、近代史上に例を見ない異常な事態だった。書き進めるうちに、人々を虐殺に駆り立てたのは、加害者自身がつくりだした「イドの怪物」＝〈不逞鮮人〉だと思った。「イドの怪物」とはSF映画『禁断の惑星』（1956年）に登場する正体不明の怪物である。映画では、宇宙船の乗組員たちが次々とこの目に見えない襲撃者に殺されてゆく。実はこの怪物は人が潜在意識下に抱いた敵意が実態となって投影された存在であり、まさに〈不逞鮮人〉の幻影に重なると思ったのだ。

本書の第1部「〈不逞鮮人〉とは誰か」は、〝虐殺〟の真偽の検証や、残虐行為の凄惨さを問いただそうとするものではない。確たる歴史のファクトがなぜ社会から忘却されるのか、そして残虐行為の加害者と被害者を逆転させる言説が、なぜ今なおある種の有効性をもって語られるのか、そうした疑問への解答を自分なりに探したかったのである。

虐殺に関する公的な調査が実施されていないという状況の中で、幸いにも真摯な研究者による資料の発掘や、市民による丹念な証言の聴き取りが行われており、執筆にあたっては全面的にそれらの助けをお借りした。言うまでもなく、そうした先行調査・研究がなければ本書を書き進めることはできなかった。深甚なる敬意をこめて、感謝の意を表したい。

収録した3篇は、いずれも同人雑誌『追伸』（2018年創刊）に掲載した文章が初出である。発表順は、第2部「朴裕宏　ある朝鮮人留学生の死」が最も早く、次に第1部「〈不逞鮮人〉とは誰か」、最後に第3部「ハルビン駅で会いましょう」である。陸軍士官学校の第1号留学生の自死を扱った第2部は、石光真清の手記『城下の人』に登場する朝鮮人青年・朴裕宏を題材にしたもので、手記を読んで以来長年にわたり心に引っかかっていた彼の死について書いた。手がかりとなる資料はほとんどなかったが、近代の扉の前で自ら生を閉じた朴青年の姿に、現在の在日コリアンの、そして日韓（朝）関係の原点を見る思いがあった。

第3部は、第2部で提起した主題の終結部として書いた小文である。安重根の伊藤博文暗殺が、当時の日本社会でどのように受け止められたのかを、漱石や啄木などの文学者、幸徳秋水ら社会主義者の視点から見直そうと試みた。いわば〈不逞鮮人〉認定第1号とも言える安重根に向けられる単純化された見方に、別の視点を加えたいというのが意図だった。構想中に安倍晋三元首相の暗殺事件が起きたが、そこから着想を得たものではない。

再び第1部に戻ると、同人雑誌連載開始時のタイトルは「連鎖する虐殺の記憶」だった。「不逞鮮人」という言葉を見出しにすることにためらいがあったのだ。100年前、新聞各紙は、この言葉を紙面に躍らせてデマを広めたのだが、最近になって、それらの記事は朝鮮人暴動があったことの証拠だとする煽動者が現れてきた。言葉のみがひとり歩きして逆用されることを警戒したのである。連載2回目以後〈 〉にくくって使用することにしたが、今も警戒心は解けない。

また、この第1部は2022年1月から2月にかけ、20回にわたってウェブで再連載したテキストに加筆したものだ。ウェブ連載時の反響は様々で、「今現在お前らの祖国は不逞鮮人ばかりじゃないか」「最近でも震災に乗じて悪さをしていた」「日本人に嫌われたければいつまでも言ってろ」などのヘイトコメントも数多く付いた。これらはまさに震災時の流言を受け継ぐものであり、彼らはいまだに「不逞鮮人襲来」のデマを真実と信じ込んでいた。残虐行為の隠蔽が生み出した記憶のエアポケットに、再び流言蜚語が流れ込んでいるのだ。インターネットを中心にこうした言論が幅をきかせつつあることを再認識させられた。一方でそれ以上の多くの支持の言葉をいただいたことには心を強くすることができた。ウェブ連載の機会を与えていただいたアジアプレス大阪オフィス代表の石丸次郎氏に深く感謝します。また、李良枝さんの写真をご提供いただいた妹の李栄さんに、心より御礼を申し上げます。

単行本化に際しては、亜紀書房代表の立川勝得氏、編集長の内藤寛氏にお世話になりました。また担当していただいた小原央明氏には、たいへん丁寧な編集をしていただきました。ありがとうございます。

歴史とは人の営みの連なりであり、過去は時間の連続性に裏打ちされてこそ価値をもつ。そこに意図的な空白や抹消があっては、歴史から学ぶという行為そのものが意味を失う。過去を切断した「未来志向」など、糸の切れた凧のように軽々しいものだ。本書がもしもそうした切断を回復する一助となり得たなら、これに勝ることはない。読者には、より深い理解のために空白を埋める営みを続けてほしいと願っている。

２０２３年５月　著者

主要参考文献

第1部　〈不逞鮮人〉とは誰か

赤澤史郎「戦後思想と文化」『近代日本の軌跡』第6巻、吉川弘文館、1994年

芥川龍之介「震災の文芸に与ふる影響」『芥川龍之介全集』第10巻、岩波書店、1996年

芥川龍之介「桃太郎」『芥川龍之介全集』第11巻、岩波書店、1996年

麻田雅文『シベリア出兵　近代日本の忘れられた七年戦争』中公新書、2016年

アンドレ・ヘイグ「中西伊之助と大正期日本の「不逞鮮人」へのまなざし　大衆ディスクールとコロニアル言説の転覆」立命館言語文化研究113号、立命館大学国際言語文化研究所、2011年

石堂清倫／姜徳相／琴秉洞ほか編『現代史資料』第4巻・第6巻・第25巻・第28巻、みすず書房、1963－1972年

李昇燁「三・一運動期における朝鮮在住日本人社会の対応と動向」人文学報92号、京都大学人文科学研究所、2005年

李恢成／水野直樹編『「アリランの歌」覚書　キム・サンとニム・ウェールズ』岩波書店、1991年

李良枝「かずきめ」『李良枝全集』講談社、1993年

李良枝「除籍謄本」同前所収

李良枝「ナビ・タリョン」同前所収

印藤和寛『朝鮮史の誕生　朝鮮独立戦争と東アジアの歴史学』かんよう出版、2021年

生方敏郎『明治大正見聞史』中央文庫、2005年

越中谷利一「戒厳令と兵卒」『越中谷利一著作集』東海繊維経済新聞社、1971年

越中谷利一「関東大震災の思い出」同前所収

越中谷利一「一兵卒の震災手記」同前所収

江馬修『極光』上巻・下巻、新潮社、1924年

江馬修『羊の怒る時』影書房、1989年

大島英三郎編『難波大助大逆事件』黒色戦線社、1979年

奥平俊蔵、栗原宏編『不器用な自画像　陸軍中将奥平俊蔵自叙伝』柏書房、1983年

尾原宏之『大正大震災　忘却された断層』白水社、2012年

加藤直樹『九月、東京の路上で　1923年関東大震災ジェノサイドの残響』ころから、2014年

関東大震災五十周年朝鮮人犠牲者調査・追悼事業実行委員会編『かくされていた歴史　関東大震災と埼玉の朝鮮人虐殺事件』関東大震災五十周年朝鮮人犠牲者調査・追悼事業実行委員会、1974年

関東大震災85周年シンポジウム実行委員会編『震災・戒厳令・虐殺　関東大震災85周年朝鮮人犠牲者追悼シンポジウム　事件の真相糾明と被害者の名誉回復を求めて』三一書房、2008年

姜徳相『関東大震災』中公文庫、1975年

姜徳相「一国史を超えて　関東大震災における朝鮮人虐殺研究の50年」大原社会問題研究所雑

誌668号、法政大学大原社会問題研究所、2014年
姜徳相／山田昭次／張世胤／徐鍾珍ほか『関東大震災と朝鮮人虐殺』論創社、2016年
姜東鎮『日本言論界と朝鮮　1910−1945』法政大学出版局、1984年
木佐木勝『木佐木日記（下）　名物編集長・滝田樗陰と関東大震災』中央公論新社、2016年
北村巌『大逆罪』中西出版、2013年
木下順二『本郷』講談社、1983年
金泰燁、石坂浩一訳『抗日朝鮮人の証言　回想の金突破』不二出版、1984年
金富子「関東大震災時の「レイピスト神話」と朝鮮人虐殺　官憲史料と新聞報道を中心に」大原社会問題研究所雑誌669号、法政大学大原社会問題研究所、2014年
琴秉洞編『関東大震災朝鮮人虐殺問題関係史料』第1巻、緑陰書房、1989年
小谷汪之『中島敦の朝鮮と南洋　二つの植民地体験』（シリーズ日本の中の世界史）、岩波書店、2019年
コルク／マクファーレン／ウェイゼス編、西澤哲監訳『トラウマティック・ストレス　PTSDおよびトラウマ反応の臨床と研究のすべて』誠信書房、2001年
崎川美央「芥川龍之介「桃太郎」論　啓蒙家としての芥川龍之介」富大比較文学第4集、2011年
志賀直哉「震災見舞」『志賀直哉全集』第5巻、岩波書店、1999年
思想の科学研究会編『共同研究　日本占領』徳間書店、1972年
島崎藤村「子に送る手紙」『島崎藤村短篇集』岩波文庫、2002年
清水寛編著『日本帝国陸軍と精神障害兵士』不二出版、2006年
高梨輝憲『関東大震災体験記』アトミグループ、1974年
田原洋『関東大震災と中国人　王希天事件を追跡する』岩波現代文庫、2014年
千葉県における関東大震災と朝鮮人犠牲者追悼・調査実行委員会編『いわれなく殺された人びと　関東大震災と朝鮮人』青木書店、1983年
鄭永寿「関東大震災時の虐殺事件によるトラウマ的体験とそのゆくえ　在日朝鮮人の口述資料を中心に」クァドランテ17号、東京外国語大学海外事業研究所、2015年
鄭永寿「敗戦／解放前後における日本人の「疑心暗鬼」と朝鮮人の恐怖　関東大震災との関連を中心に」コリア研究7号、立命館大学コリア研究センター、2016年
鄭栄桓「「解放」後在日朝鮮人史研究序説　1945−1950年」一橋大学大学院博士論文、2010年
壺井繁治「十五円五十銭　震災追想記」『壺井繁治全集』第2巻、青磁社、1988年
寺田寅彦「震災日記より」『寺田寅彦全集』第7巻、岩波書店、1997年
デーヴ・グロスマン『戦争における「人殺し」の心理学』ちくま学芸文庫、2004年
十重田裕一「横光利一と川端康成の関東大震災　被災した作家の体験と創作」WASEDA RILAS JOURNAL No.1、早稲田大学総合人文科学研究センター、2013年
徳田秋聲「秋聲閑談　震災後の文芸について」『徳田秋聲全集』第20巻、八木書店、2001年
戸田郁子『中国朝鮮族を生きる　旧満洲の記憶』岩波書店、2011年

中島敦「巡査のいる風景」『中島敦全集』第2巻、筑摩書房、1976年
中西伊之助「不逞鮮人」改造9月号、改造社、1922年
中西伊之助「朝鮮人のために弁ず」婦人公論11・12月合併号、中央公論社、1923年
西崎雅夫編著『関東大震災朝鮮人虐殺の記録　東京地区別1100の証言』現代書館、2016年
西崎雅夫編『証言集 関東大震災の直後　朝鮮人と日本人』ちくま文庫、2018年
西村直登「関東大震災下における朝鮮人の帰還」社会科学47巻1号、同志社大学人文科学研究所、2017年
西村直登「関東大震災に対する朝鮮社会の反応」コリア研究10号、立命館大学コリア研究センター、2019年
ニム・ウェールズ、松平いを子訳『アリランの歌』岩波文庫、1987年
野上彌生子『野上彌生子日記』岩波書店、1984年
野田正彰『戦争と罪責』岩波現代文庫、2022年
籏智広太「戦後70年以上PTSDで入院してきた日本兵たちを知っていますか　彼らが見た悲惨な戦場」BuzzFeed News、2016年12月8日
ハン・ガン、斎藤真理子訳『回復する人間』白水社、2019年
朴慶植編『在日朝鮮人関係資料集成〈戦後編〉』第5巻、不二出版、2000年
朴殷植、姜徳相訳『朝鮮独立運動の血史』第1巻・第2巻、東洋文庫、(平凡社)、1972年
藤井忠俊『在郷軍人会　良兵良民から赤紙・玉砕へ』岩波書店、2009年
布施柑治『ある弁護士の生涯　布施辰治』岩波新書、1963年
布施柑治『布施辰治外伝　幸徳事件より松川事件まで』未來社、1974年
布施辰治、明治大学史資料センター監修『布施辰治著作集』第1巻・第2巻・第3巻、ゆまに書房、2007年
F・A・マッケンジー、韓晳曦訳『義兵闘争から三一独立運動へ　朝鮮の自由のための闘い』太平出版社、1972年
ほうせんか編著『増補新版　風よ鳳仙花の歌をはこべ　関東大震災・朝鮮人虐殺・追悼のメモランダム』ころから、2021年
槇村浩「間島パルチザンの歌」『槇村浩全集』山崎小糸、1984年
丸山鶴吉『五十年ところどころ』大日本雄弁会講談社、1934年
宮地忠彦「大正後期の「内地在留朝鮮人」に対する「善導」主義的政策の論理と実態」年報政治学58巻2号、日本政治学会、2007年
三輪泰史『占領下の大阪』松籟社、1996年
森川哲郎『朝鮮独立運動暗殺史』三一書房、1976年
安田敏朗「流言というメディア　関東大震災時朝鮮人虐殺と「15円50銭」をめぐって」JunCture 6号、名古屋大学大学院文学研究科附属日本近現代文化研究センター、2015年
山川均「当面の問題」前衛9月号、日本共産党、1922年
山崎今朝弥『地震・憲兵・火事・巡査』岩波文庫、1982年
山田昭次『関東大震災期朝鮮人暴動流言をめぐる地方新聞と民衆』(「朝鮮問題」学習・研究シリー

ズ第18号）、「朝鮮問題」懇話会、1982年
山田昭次『金子文子　自己・天皇制国家・朝鮮人』影書房、1996年
山田昭次『関東大震災時の朝鮮人虐殺　その国家責任と民衆責任』創史社、2003年
山田昭次『関東大震災時の朝鮮人迫害　全国各地での流言と朝鮮人虐待』創史社、2014年
山田昭次『関東大震災時の朝鮮人虐殺とその後　虐殺の国家責任と民衆責任』創史社、2011年
山本すみ子「横浜における関東大震災時朝鮮人虐殺」大原社会問題研究所雑誌668号、2014年
湯浅克衛、池田浩士編『カンナニ　湯浅克衛植民地小説集』インパクト出版会、1995年
横浜市役所市史編纂係編『横浜市震災誌』第1冊・第2冊・第3冊・第4冊・第5冊、横浜市役所、1926−1927年
横光利一「解説に代えて」『三代名作全集　横光利一集』河出書房、1942年
尹致昊、木下隆男訳中「尹致昊日記（抄）」現代コリア444−476号、2004−2007年
陸軍省「間島事件関係書類」其ノ二、アジア歴史資料センター
渡邊一民『〈他者〉としての朝鮮　文学的考察』岩波書店、2003年
渡辺延志『歴史認識 日韓の溝　分かり合えないのはなぜか』ちくま新書、2021年

第2部　朴裕宏 ある朝鮮人留学生の死

石光真清、石光真人編『城下の人　新編・石光真清の手記（一）西南戦争・日清戦争』中公文庫プレミアム、2017年
石光真清、石光真人編『曠野の花　新編・石光真清の手記（二）義和団事件』中公文庫プレミアム、2017年
岡本隆司『世界のなかの日清韓関係史　交隣と属国、自主と独立』講談社選書メチエ、2008年
上垣外憲一『日本留学と革命運動』比較文化叢書（5）、東京大学出版会、1982年
姜健栄「開化派リーダーたちの日本亡命　金玉均・朴泳孝・徐載弼の足跡を辿る」朱鳥社、2006年
金学俊、金容権訳『西洋人の見た朝鮮　李朝末期の政治・社会・風俗』山川出版社、2014年
金玉均／朴泳孝／兪吉濬／徐載弼、月脚達彦訳注『朝鮮開化派選集』東洋文庫、平凡社、2014年
琴秉洞『増補新版　金玉均と日本　その滞日の軌跡』緑蔭書房、2001年
古筠記念会編『金玉均伝』上巻、慶応出版社、1944年
高崎宗司『定本「妄言」の原形　日本人の朝鮮観』木犀社、1990年
月脚達彦『福沢諭吉の朝鮮　日朝清関係のなかの「脱亜」』講談社選書メチエ、2015年
西沢直子／王賢鍾「明治期慶應義塾への朝鮮留学生（一）」近代日本研究31号、慶應義塾福沢研究センター、2014年
黄玹、朴尚得訳『梅泉野録　近代朝鮮誌・韓末人間群像』国書刊行会、1990年
福澤諭吉「朝鮮事変の処分法」『福澤諭吉全集』第10巻（時事新報論集 第3）、岩波書店、1960年

福澤諭吉「朝鮮独立党の処刑」同前所収
福澤諭吉「脱亜論」同前所収
福澤諭吉『福澤諭吉全集』第17巻（書翰集 第1）、岩波書店、1961年
福澤諭吉『福澤諭吉全集』第20巻（諸文集 第2 雑纂、詩・歌・語、幕末外交文書訳稿）、岩波書店、1963年
福澤諭吉、富田正文校注『福翁自伝』慶應義塾大学出版会、2000年

第3部　ハルビン駅で会いましょう

秋月望「沖野岩三郎文庫の安重根絵葉書」明治学院大学国際学研究58号、2021年
朝河貫一、由良君美校訂・解説『日本の禍機』講談社学術文庫、1987年
麻田雅文『日露近代史　戦争と平和の百年』講談社現代新書、2018年
阿部善雄『最後の「日本人」　朝河貫一の生涯』岩波現代文庫、2004年
池田功「石川啄木における朝鮮」文芸研究67号、明治大学文芸研究会、1992年
石川啄木『石川啄木全集』第1巻（歌集）、筑摩書房、1978年
石川啄木「百回通信」『石川啄木全集』第4巻（評論・感想）、筑摩書房、1980年
石光真清、石光真人編『曠野の花　新編・石光真清の手記(二)義和団事件』前出
李泰鎭／安重根ハルピン学会編著、勝村誠／安重根東洋平和論研究会監訳『安重根と東洋平和論』日本評論社、2016年
市川正明『安重根と日韓関係史』原書房、1979年
伊藤之雄『伊藤博文　近代日本を創った男』講談社、2009年
伊藤之雄『伊藤博文をめぐる日韓関係　韓国統治の夢と挫折、1905～1921』ミネルヴァ書房、2011年
伊藤之雄／李盛煥編著『伊藤博文と韓国統治　初代韓国統監をめぐる百年目の検証』ミネルヴァ書房、2009年
碓田のぼる『団結すれば勝つ、と啄木はいう　石川啄木の生涯と思想』影書房、2018年
ディビッド・ウルフ、半谷史郎訳『ハルビン駅へ　日露中・交錯するロシア満洲の近代史』講談社、2014年
勝村誠「安重根の獄中口述記録「聴取書」を中心に」コリア研究11号、立命館大学コリア研究センター、2020年
北野剛『満蒙をめぐる人びと』彩流社、2016年
木村幹『高宗・閔妃　然らば致し方なし』ミネルヴァ書房、2007年
金正勲『漱石と朝鮮』中央大学出版部　2010年
黒川創『暗殺者たち』新潮社、2013年
幸徳秋水『幸徳秋水全集』第9巻、明治文献、1969年
越澤明『哈爾浜の都市計画』ちくま学芸文庫、2004年
斎藤充功『伊藤博文を撃った男　革命義士安重根の原像』中公文庫、1999年

斎藤泰彦『わが心の安重根　千葉十七・合掌の生涯』五月書房、1994年
杉村楚人冠「幸徳秋水を襲ふ」『幸徳秋水全集』別巻1、明治文献資料刊行会、1982年
高澤秀次『文学者たちの大逆事件と韓国併合』平凡社新書、2010年
瀧井一博『伊藤博文　知の政治家』中公新書、2010年
谷譲次『安重根　十四の場面』風報社、1989年
津留今朝寿『天主教徒　安重根』自由国民社、1996年
中野泰雄『安重根　日韓関係の原像 増補版』亜紀書房、1991年
夏目漱石「趣味の遺伝」『定本 夏目漱石全集』第2巻、岩波書店、2017年
夏目漱石「それから」『定本 夏目漱石全集』第6巻、岩波書店、2017年
夏目漱石「門」同前所収
夏目漱石「韓満所感 上・下」『定本 夏目漱石全集』第16巻、岩波書店、2019年
原暉之『ウラジオストク物語　ロシアとアジアが交わる街』三省堂、1998年
森万佑子『韓国併合　大韓帝国の成立から崩壊まで』中公新書、2022年
室謙二『踊る地平線　めりけんじゃっぷ長谷川海太郎伝』晶文社、1985年
矢吹晋『朝河貫一とその時代』花伝社、2007年
龍谷大学社会科学研究所付属安重根東洋平和研究センター・李洙任教授退職記念刊行委員会編『安重根・「東洋平和論」研究　21世紀の東アジアをひらく思想と行動』明石書店、2022年

〔備考〕中国・朝鮮の著者名は、原則として各国の人名読みに従った。その他、当時の新聞記事の引用の出典は、国立国会図書館等所蔵のマイクロフィルム・デジタル化資料による。本文中に新聞紙名と当時の日付を記した。

劉 永昇（りゅう・えいしょう）

「風媒社」編集長。雑誌『追伸』同人。NPO法人 東海学センター理事。1963年、名古屋市生まれの在日コリアン3世。早稲田大学卒。雑誌編集者、フリー編集者を経て95年に同社へ。98年より現職。著作に『日本を滅ぼす原発大災害』（共著）など。

関《かん》東《とう》大《だい》震《しん》災《さい》 朝《ちょう》鮮《せん》人《じん》虐《ぎゃく》殺《さつ》を読《よ》む

流言蜚語《フェイク》が現《げん》実《じつ》を覆《おお》うとき

2023年9月1日 第1版第1刷発行

著者 劉 永昇

発行者 株式会社亜紀書房
郵便番号 101-0051
東京都千代田区神田神保町1-32
電話 03-5280-0261
振替 00100-9-144037
https://www.akishobo.com

装丁 國枝達也

DTP 山口良二

印刷・製本 株式会社トライ https://www.try-sky.com

Printed in Japan ISBN978-4-7505-1812-1 C0021 ©Eisho Ryu, 2023